# Transição e Liderança

# Transição e Liderança

## Histórias de Sucesso das Novas Gerações

**Renata Bernhoeft**
**Wagner Luiz Teixeira**
Especialistas em transição de gerações

ALTA BOOKS
GRUPO EDITORIAL
Rio de Janeiro, 2024

# Transição e Liderança



Alta Books é uma empresa do Grupo Editorial Alta Books (Starlin Alta Editora e Consultoria LTDA).



ISBN: 978-85-508-2453-6

Impresso no Brasil — 1ª Edição, 2024 — Edição revisada conforme o Acordo Ortográfico da Língua Portuguesa de 2009.

Dados Internacionais de Catalogação na Publicação (CIP)
**(BENITEZ Catalogação Ass. Editorial, MS, Brasil)**

B444t
1.ed. Bernhoeft, Renata
Transição e liderança : histórias de sucesso das novas gerações / Renata Bernhoeft, Wagner Teixeira. – 1.ed. – Rio de Janeiro : Alta Books, 2024.
128 p.; 15,7 x 23 cm.

ISBN 978-85-508-2453-6

1. Carreira profissional – Desenvolvimento. 2. Empresas familiares. 3. Histórias de vidas. 4. Liderança. 5. Sucessão familiar. I. Teixeira, Wagner. II. Título.

08-2024/31 CDD 658

**Índice para catálogo sistemático:**
1. Carreira profissional : Empresas : Sucessão familiar : Administração 658
**Aline Graziele Benitez – Bibliotecária – CRB-1/3129**



**Grupo Editorial Alta Books**

**Produção Editorial:** Grupo Editorial Alta Books
**Diretor Editorial:** Anderson Vieira
**Editor da Obra:** Rosana Arruda
**Vendas Governamentais:** Cristiane Mutüs
**Gerência Comercial:** Claudio Lima

**Produtora Editorial:** Ana Clara Tambasco
**Revisão:** Gleise Barbosa e Maria Rodrigues
**Diagramação:** Rita Motta
**Capa:** Karma Brandão

ALTA BOOKS
GRUPO EDITORIAL

Rua Viúva Cláudio, 291 — Bairro Industrial do Jacaré
CEP: 20.970-031 — Rio de Janeiro (RJ)
Tels.: (21) 3278-8069 / 3278-8419
**www.altabooks.com.br** — altabooks@altabooks.com.br
**Ouvidoria:** ouvidoria@altabooks.com.br

Editora **afiliada à:**
ABDR — Associação Brasileira de Direitos Reprográficos
ASSOCIADO CBL — Câmara Brasileira do Livro

# Agradecimento

Queremos agradecer a todos os membros da nova geração que compartilharam suas histórias, esta é uma forma de doação que busca trazer inspiração, plantando a semente da continuidade em cada família empresária. Nosso eterno e carinhoso muito obrigado a Alê, Dirceu, Felipe, Leo, Sara e Carlos Renato, esse livro não seria possível sem vocês.

Agradecer ao nosso fundador, Renato Bernhoeft, que iniciou essa trajetória, lançou as sementes e continua sempre nos desafiando e incentivando. Estamos trabalhando para perpetuar seu legado.

Agradecer a todas as famílias empresárias que confiaram em compartilhar sua trajetória e seus aprendizados conosco, trazendo sentido a nosso propósito.

Agradecer e fazer um reconhecimento à equipe höft, principalmente nossas sócias parceiras, Danyelle e Juliana, e ao jornalista Renato Müller, tão atuantes nesta jornada que estamos construindo juntos.

Agradecer a nossa querida família, principalmente nossos filhos Marthina, Enrico e Liz, que nos acolhem e compreendem a importância deste trabalho, uma missão que assumimos, em nossas vidas.

E a você leitor, membro de família empresária, agradecemos por decidir estar conosco nesta jornada, e desejamos que construa a sua história e siga compartilhando e espalhando as inspirações aprendidas.

As histórias têm um papel muito importante no desenvolvimento das culturas; compartilhar é como uma tradição, que vai sendo passada a cada geração.

# Sumário

# Prefácio

Por volta do início dos anos 1990, começamos a ouvir a voz de professores e consultores sobre os grandes desafios que as empresas familiares encontram para sobreviver ao longo do tempo. Pesquisas mundiais começaram a evidenciar tendências desfavoráveis para aquelas que cultivavam o sonho de sobreviver, atravessando várias gerações: menos de 10% das empresas familiares conseguiam manter seus negócios sob o controle familiar, na transição da segunda para a terceira geração. Mais de 90% sucumbiam no meio do caminho, por diversas razões.

Poderíamos, como de costume, identificar diversos culpados: crises econômicas, concorrência acirrada, câmbio desfavorável, tributação elevada, falta de financiamento ou portfólio de produtos, entre outros. De fato, não se podem ignorar fatores tão importantes para a sobrevivência de qualquer negócio. No entanto, um segundo aspecto que as pesquisas evidenciaram era que as razões que mais impactavam na descontinuidade das empresas familiares estavam relacionadas a razões invisíveis ao mercado. Causas que não apareciam nos balanços patrimoniais contábeis ou nos relatórios integrados anuais das empresas.

Foi a descoberta de um novo campo de estudos: o das empresas familiares e suas particularidades. Pode ser explicado também por uma sabedoria ancestral, como no texto escrito pelo apóstolo Paulo em sua carta direcionada aos Coríntios: "O que pode ser visto dura apenas um pouco, mas o que não pode ser visto dura para sempre" (2 Coríntios 4:16–18).

Olhando sob a perspectiva das empresas, o que pode ser visto são seus ativos tangíveis. Sabemos que esses bens, normalmente, sofrem depreciação e vão perdendo valor com o passar dos anos.

E o que não pode ser visto, mas dura para sempre?

As boas empresas passam a ter um valor, atribuído pelo mercado, muito superior ao valor contábil apresentado em seu balanço patrimonial. Chegam a valer 100% desse indicador, ou mais. Isso, de certa forma, indica que as coisas que não podem ser vistas agregam muito valor, incluindo seus talentos, sua história e a capacidade de gerar riqueza no futuro, o que contribui significativamente para a continuidade geracional das empresas familiares.

Por outro lado, um dos principais fatores que, reconhecidamente, retira valor das empresas familiares e, muitas vezes, dificulta a continuidade são os conflitos entre sócios familiares. Se esse relacionamento vai bem, o valor da empresa aumenta. Se, em contrapartida, os sócios familiares não conseguem resolver os seus conflitos ao longo do tempo, isso vai gradativamente drenando o valor de mercado da empresa. Esse é um exemplo de como os fatores invisíveis afetam a vida das empresas familiares.

É muito importante cuidar bem tanto dos fatores visíveis como dos invisíveis. É possível, para as empresas familiares, delegar a gestão relacionada aos fatores visíveis para executivos não familiares, mas é muito difícil delegar a eles a gestão dos fatores invisíveis. No meu entendimento, é a família que tem que assumir essa responsabilidade.

Por isso, é bastante importante que as empresas familiares introduzam no escopo da governança os temas relacionados aos fatores invisíveis da família e da organização, que frequentemente determinam o sucesso ou insucesso da transição de gerações.

Neste livro, Renata e Wagner, da höft, apresentam histórias emocionantes de membros das famílias empresárias da Jacto, Peccin, Apsa, Minasligas e LWART, contribuindo para o entendimento do quanto os fatores invisíveis são relevantes para a continuidade das empresas familiares.

Minha sobrinha Alessandra Nishimura contará a história da Família Nishimura e do Grupo Jacto, sob a perspectiva de um membro da terceira geração, e eu gostaria de contá-la brevemente, perante a ótica da minha geração.

A partir de 1996, construímos dois anos de diálogo entre irmãos, tendo como mediador Renato Bernhoeft, fundador da höft, o que nos possibilitou equacionar os profundos problemas da segunda geração. Foi a partir daí que passamos a pensar na continuidade do Grupo Jacto, fundado por nosso pai em 1948. O que ele havia construído era tão valioso para nossa família, e para a comunidade, que não gostaríamos de perder.

Ao fazermos um diagnóstico inicial de nossa empresa familiar, descobrimos que havia um abismo entre a segunda e a terceira geração que, se não fosse examinado a tempo, poderia comprometer a continuidade da empresa.

Esse abismo entre gerações crescia, ao considerarmos o momento de saída da segunda geração da gestão, já pré-definido por nós. Sabíamos que a terceira geração não estaria pronta para assumir a direção das empresas quando os membros da segunda geração estivessem deixando compulsoriamente seus cargos. Nessa época, ainda pensávamos em preservar a ideia de gestores familiares à frente das nossas empresas.

A partir dessa constatação, iniciamos em 2003 um projeto chamado BRIDGING THE GAP (numa tradução livre: Encurtar as Distâncias), com o objetivo de construir uma ponte para conectar de forma segura a segunda e a terceira geração. O projeto continha três pilares: a estrutura de governança, a profissionalização da gestão e a preparação da terceira geração.

O primeiro pilar a ser levantado foi o da governança corporativa. Nessa época, não tínhamos um Conselho de Administração funcionando adequadamente. Era urgente estabelecer um órgão, segundo as melhores práticas de governança corporativa. Isso começou a se tornar realidade com a vinda do Sr. Bengt Hallqvist, nosso primeiro conselheiro externo independente. Aprendemos na prática e, posteriormente, outros conselheiros externos e independentes foram contratados, consolidando em definitivo o Conselho de Administração do Grupo Jacto.

O segundo pilar foi a profissionalização da gestão das empresas do grupo. Como sabíamos que a terceira geração não estaria pronta para assumir a gestão das empresas, a alternativa encontrada foi optar por executivos não familiares.

Apesar de não ter sido fácil, para acionistas, funcionários e mercado, a mudança para uma gestão conduzida por um executivo não familiar foi uma quebra de paradigma que teve resultados muito positivos. Se a família tivesse que fazer a gestão das empresas naquele momento, acho que elas não teriam crescido nem se desenvolvido tanto.

O terceiro pilar a ser levantado era o da preparação da terceira geração. Para essa fase do projeto BRIDGING THE GAP, contamos com o relevante apoio da höft, que nos acompanhou por um longo período. Fomos construindo, juntos, um programa cujo foco principal era a preparação da terceira geração dos Nishimura. O objetivo é que eles fossem capacitados para serem bons sócios no futuro e apoiar seus projetos de vida, inclusive daqueles que tinham interesse em se tornarem executivos do grupo, sempre respeitando a individualidade de cada herdeiro.

Em maio de 2019, depois de 15 anos de preparação da 3ª geração, eu, o mais novo entre os irmãos da 2ª geração, passei o bastão da liderança para 2 sobrinhos. Um assumia a Presidência de nosso Conselho Holding, o ambiente de debates societários, e outro, a Presidência do Conselho de Administração, o órgão responsável pela gestão do grupo.

Numa cerimônia, perante todos os familiares, principais executivos, conselheiros e convidados, fizemos a transição intergeracional num ambiente de muita emoção e esperança.

Nesse ato, a segunda geração passava as responsabilidades para a terceira, que a partir daquele momento assumia plenamente a liderança do Grupo Jacto. Sempre comento que, das tantas coisas que a segunda geração fez bem durante os quarenta anos de liderança, uma das mais importantes foi a consolidação do plano BRIDGING THE GAP, que culminou nessa transição.

Estamos iniciando a preparação da transição entre a terceira e quarta geração. Os herdeiros ainda são adolescentes e crianças, temos pelo menos 25 anos até a próxima transição, mas já estamos dando os primeiros passos.

O projeto RUMO AOS 100 ANOS contempla, entre tantos objetivos, a preparação desta quarta geração. Sabemos que o tempo passa rápido e por isso não queremos somente ficar pensando, mas, sobretudo, colocar em prática os nossos planos. Isso é que nos possibilita sonhar com a continuidade de nossa família empresária.

Para a reflexão sobre os fatores invisíveis de uma organização familiar, deixo as seguintes perguntas:

» Será que é possível uma empresa familiar atravessar gerações se não existir afeição entre seus membros? O afeto é a cola que une a família — sem ele há como atravessar gerações sem se desintegrar?

» Será que é possível uma empresa familiar atravessar gerações se seus membros se sentirem excluídos e não houver uma boa comunicação entre eles?

» Será que é possível uma empresa familiar atravessar gerações se entre seus membros não houver uma equipe que assuma as responsabilidades e a liderança dos destinos da organização?

**Jorge Nishimura**

Conselheiro do Grupo Jacto

# Introdução

A maior parte das histórias de famílias empresárias costuma ser registrada, e transmitida, com foco na trajetória dos fundadores de empresas. São relatos de empreendedorismo, repletos de descobertas, superação e rompimento de barreiras, que envolvem o nascimento e crescimento, de negócios que dão origem a grandes grupos empresariais. Quase todos, de uma origem humilde, que ao longo de sua trajetória enfrentaram desafios e viveram acontecimentos surpreendentes.

O princípio empreendedor que levou à fundação de um negócio representa o principal pilar, a semente plantada. Origina-se a partir da força de vontade de uma geração, começando de um sonho, com poucos recursos ou opções de vida. Para nós, a trajetória da geração fundadora é uma etapa fundamental, sem a qual não seriam lançadas as bases para o início de uma família empresária.

Em sociedades multifamiliares podemos ter a figura dos cofundadores, parceiros de trabalho ou irmãos, que se escolhem para iniciar a empreitada. Em muitos casos, conseguimos identificar também a força dos casais fundadores: empreendedores visionários, sempre apoiados por suas esposas.

Reconhecemos aqui a importância dessa etapa, pois é o primeiro passo desta jornada, que desejamos que seja longa, próspera e atravesse gerações. A primeira geração enfrenta desafios, gera progresso e assim semeia raízes, a base empresarial com fortes exemplos e valores de origem.

**Mas o que acontece depois disso? Como cada história continua? Como os próximos capítulos das famílias empresárias se desenvolvem?**

Toda família empresária nasce como uma empresa familiar, mas nem toda empresa familiar se torna uma família empresária. Por quê?

Ser uma empresa familiar é pertencer a uma classificação, significa que uma ou mais famílias detém o controle de uma empresa ou grupo. Isso implica em um pressuposto de que haverá uma transição para a próxima geração, independente de ter planejamento ou ações de estruturação para que isso ocorra.

Por outro lado, tornar-se uma família empresária implica em uma decisão de longo prazo, que envolve os familiares na construção de um compromisso coletivo, planejando e implementando ações que sustentarão a continuidade e que intenciona atravessar gerações. Os membros da família, a cada geração, em conjunto com seus descendentes, assumem o protagonismo na liderança deste processo, criando ambientes de diálogo para estabelecer as diretrizes alinhadas rumo a uma visão compartilhada de futuro.

Na perspectiva de construir uma verdadeira família empresária, a trajetória do fundador é essencial, porém não suficiente. Precisaremos ampliar nosso olhar para o futuro, para a continuidade: as histórias de vida de cada geração, a convivência entre elas e seus distintos papéis. Portanto, compreender o valor do passado, avaliar o presente e vislumbrar as perspectivas de futuro são ações necessárias ao pensarmos nas transições.

**Planejar a continuidade de uma família empresária torna-se tão importante quanto o passo dado pelo empreendedor.**

Praticamente não existem relatos dedicados às histórias das gerações sucessoras, aqueles que deram continuidade ao legado, este é um cenário ainda pouco explorado. Nosso objetivo é começar a preencher essa lacuna, a partir de trajetórias reais, mapear os principais desafios, as semelhanças e particularidades desta nova etapa. Compartilharemos cinco histórias de membros da nova geração que já trilharam uma parte dessa jornada, estão vivendo os processos de transição e seguem avançando.

Aqui, dedicaremo-nos a conhecer histórias inspiradoras de membros da nova geração que já viveram desafios e conquistas ao longo do processo de transição de gerações, mas principalmente buscaremos inspiração para a construção de cada uma de nossas próprias histórias.

**E qual é o principal diferencial das famílias empresárias que atravessam gerações e preservam seu legado? Onde está o segredo para a longevidade? Qual é o ingrediente essencial para fazer com que a família empresária tenha uma vida longa e próspera?**

Encontramos a resposta em duas palavras: capital humano.

Todas as histórias que veremos a seguir confirmam nossa premissa: as pessoas fazem toda a diferença e se transformam em elementos catalisadores da continuidade de cada família empresária. E aqui não estamos nos referindo somente àqueles que estão atuando na gestão ou governança dos negócios, mas sim a todos os membros da família empresária, cada um exercendo seu papel.

Consideramos que quase todo o patrimônio de uma família empresária foi criado a partir da força de trabalho e mentalidade empreendedora da primeira geração. Quando pensamos na manutenção, crescimento e longevidade do que foi construído, precisaremos de novas fontes de energia, trabalho, ideias, conhecimento, equilíbrio e dedicação: o capital humano para a continuidade.

Quando observamos a trajetória das famílias empresárias que ultrapassam gerações, podemos perceber que, mesmo com um enorme patrimônio tangível acumulado, não se traduz em uma garantia para a continuidade. Em alguns casos, inclusive, no decorrer da trajetória, temos exemplos onde um abalo ou perda patrimonial relevante pôde ser revertida e recuperada por pessoas preparadas e comprometidas com a sucessão. Esse é o principal componente, que faz toda a diferença na perspectiva de longo prazo dos negócios.

Em famílias empresárias centenárias, torna-se ainda mais claro que os familiares acabaram se transformando em um ativo, um fator contributivo, que com sua atuação agrega valor aos negócios.

## E como podemos trabalhar o desenvolvimento do capital humano numa família empresária?

Ao acompanhar as famílias empresárias que conduzem, de maneira bem sucedida, suas transições, mapeamos elementos fundamentais que precisam ser identificados, para que sejam incentivados e desenvolvidos na formação contínua de nosso capital humano. Trata-se de um conjunto de atitudes presente nas famílias que ultrapassam gerações. Uma base sobre a qual a descendência poderá ser construída.

Pesquisas mundiais comprovam que os principais fatores que ameaçam a continuidade de uma família empresária são de origem e caráter interno. Dificuldades de relacionamento, falta de diálogo e alinhamento, valores de origem distorcidos, distância entre discurso e prática, posturas de acomodação e baixo investimento no desenvolvimento dos familiares. Por mais que a família se dedique a projetos que visam sustentar a continuidade, se as atitudes e comportamentos não estiverem bem trabalhados, isso pode representar uma ameaça permanente.

Poderemos perceber que, apesar de se tratarem essencialmente de aspectos intangíveis ou comportamentais, assumem importância e se tornam relevantes para gerar resultados. Dedicar-se a eles é um diferencial que as famílias empresárias longevas preservam a cada geração.

CAPÍTULO 1

# Um modelo para o desenvolvimento do nosso capital humano e a continuidade

Para compreender as tarefas de desenvolvimento de uma família empresária em seu projeto de continuidade, adotamos uma metáfora: a estrutura de uma casa.

Como em uma construção, essa metáfora traduz de maneira sistemática e simbólica os elementos: alicerce, pilares, vetores e cobertura.

Os pilares simbolizam as áreas fundamentais que precisarão ser desenvolvidas no projeto de continuidade, como preparo do capital humano da família, formalização das estruturas e visão de futuro. Já os três vetores representam as frentes de trabalho individual, coletivo e educacional, que necessitam ser abordadas, incentivadas e coordenadas para compor um planejamento de continuidade.

É no cruzamento entre pilares e vetores que nascem os projetos para a verdadeira transformação de uma empresa familiar em uma família empresária. Cada um deles precisará ser administrado com responsabilidade e profissionalismo, com a mesma prioridade dedicada aos temas de negócio.

Como numa construção, o aspecto mais importante a ser considerado é a base ou a verificação das fundações existentes sobre a qual a casa será construída. Isso será fundamental, porque é o que vai sustentar a continuidade. A palavra que escolhemos para representar esse conjunto de forças é o **ALICERCE**.

**A**FFECTIO
**L**IDERANÇA
**I**NCLUSÃO
**C**OMUNICAÇÃO
**E**QUILÍBRIO
**R**ESPONSABILIDADE
**C**ONFIANÇA
**E**QUIPE

Fonte: höft | revista Gerações 2013 https://www.hoft.com/_files/ugd/3b3afd_2e6885be9a1e4d4ba92a57edcc84cc99.pdf

A partir daí, organizamos as principais frentes de trabalho no formato de um acróstico. Mas o que é um acróstico? É quando utilizamos as letras que compõem uma palavra para, com cada uma delas, formar uma composição de palavras ou uma frase correspondente.

Para facilitar a compreensão e o exercício de reflexão entre os membros de uma família, o enfoque do **ALICERCE** organiza as atitudes e comportamentos que compõem o diferencial para a continuidade.

Serve como um guia, que nos ajuda a observar, identificar, avaliar e desenvolver cada uma delas. Além disso, você encontrará também nas histórias a seguir diversos exemplos práticos desse modelo tanto manifestados nos comportamentos dos indivíduos como em ações de incentivo para o desenvolvimento dos demais familiares, afinal tratamos aqui de um desafio coletivo.

As letras da palavra **ALICERCE** irão traduzir o que mapeamos como a base de uma construção, representam o suporte sobre a qual construiremos nossos pilares, como na imagem que utilizamos para representar o projeto de continuidade.

Vamos então explorar as letras dessa palavra:

## 1ª LETRA DO ALICERCE:

## A — CORRESPONDE A ***AFFECTIO***

O primeiro tema é fruto da **paixão**. Um amor intenso, profundo e, por vezes, inexplicável pela história e trajetória. É um ponto que se mostra com força em famílias empresárias que conduzem a transição, na relação com o fundador, sua obra e também entre as gerações. Paixão pela família, pelos negócios e por tudo o que foi construído.

A proximidade familiar, com avô, avó, com pais e tios, membros de gerações anteriores, quando cultivada de forma construtiva, vai criando um vínculo baseado em valores, identidade e respeito. Um elemento que é transmitido pelas histórias marcantes, simbólicas, que reforçam a alma e a identidade familiar. Transmitindo emoções que moldam a evolução, contagiam toda a família e impulsionam o desejo pela continuidade.

A paixão é esse **elemento que dá origem ao *affectio*, um componente essencial para a longevidade das boas sociedades.**

Por abrigar relações bastante complexas, a expressão *affectio* foi estudada por numerosos ramos da filosofia e da psicologia; e, na maior parte das vezes, é traduzida como afeição. Uma afeição distante da paixão, mais próxima de sentimentos como amor fraterno e familiar.

Numa família, vivemos a chamada relação caseira, que ocupa um tempo parcial e não exige performance, metas ou resultados. Já na família empresária, a relação deve ser ampliada para um contexto de sociedade e negócios, e os membros da família passam a conviver com um constante aprendizado e novas maneiras de se relacionar, bem como com o desafio de separar uma da outra.

Vale lembrar que o *affectio* não se manifesta de acordo com o desejo ou imposição de um terceiro, mas por meio de outros membros da família, como por exemplo os planos desenhados pelos pais ou avós. Ele é um sentimento individual. Utilizando-o como base de uma relação de negócios é que surge a figura do *Affectio Societatis*, um aspecto fundamental e invisível que sustenta as famílias empresárias que perduram.

E o que significa *Affectio Societatis?*

Vamos às origens. *Affectio Societatis* é uma expressão latina, oriunda do Direito Romano, presente até os tempos atuais. Ela traduz a disposição em participar de uma sociedade, declarando a vontade expressa e manifestada livremente pelos sócios de estar e permanecer. Implica em compromisso com alguns princípios, tais como: colaboração ativa, consciente e igualitária, disposição para o investimento e a partilha de ganhos.

Por essas características, o *Affectio Societatis* é considerado um elemento subjetivo das boas sociedades, pois está além das cláusulas contratuais; pode ser compreendido como a boa-fé dos integrantes da sociedade e seu desejo de atuar em harmonia.

Os membros da nova geração, que você conhecerá aqui, enfrentaram essas questões, cedo ou tarde, estando na gestão dos negócios ou não. É uma decisão fundamental para a continuidade, descobrir o seu "*affectio*", sua motivação essencial para o futuro.

Veremos que cada um a seu modo descobriu sua própria conexão e se tornou uma espécie de líder emocional de sua família: dedicando-se a unir os diferentes núcleos e gerações das famílias empresárias, reforçando um sentido de propósito comum e cultivando formas de transmitir os valores das gerações anteriores. Promovem afeto e geram *affectio* para que o desejo de ser uma família empresária se perpetue e seja genuíno.

## 2ª LETRA DO ALICERCE:

## L CORRESPONDE À ***LIDERANÇA***

Como vamos valorizar, identificar e desenvolver as nossas lideranças? E mais, como vamos criar novos modelos de liderança?

Torna-se necessário observar que, a partir da primeira geração, o que estamos vivendo é a transição de um modelo individual para um desafio coletivo, ou seja, de um bem-sucedido padrão de "dono" para uma composição que passa a envolver sócios. O primeiro alerta é que, se ficarmos na tentativa de reproduzir a referência anterior, podemos estar colocando em risco a continuidade. O fundador tinha legitimidade total para exercer a liderança, algo que nenhum dos membros da família, ou dos sócios, em geral, conseguirá obter.

Existe um mito presente em várias famílias, que é o da necessidade de se ter **um** grande líder, mesmo nas gerações seguintes, como uma reprodução do modelo do fundador. Veremos que, na prática, em função da pulverização das participações, da complexidade societária, da diversidade familiar e dos desafios dos negócios, não necessitamos apenas de um líder ou daquele que ocupe o papel do fundador. Com a criação das fronteiras entre família, patrimônio, empresa e a estruturação da governança, novas demandas de liderança irão surgir, e precisaremos de diferentes estilos, distintos perfis, com características complementares.

Um novo formato, por exemplo, com alguém que lidere a família e mantenha a coesão da sociedade, e outra pessoa, com perfil específico, que lidere os movimentos de negócios. O que deve estar em pauta seriam os perfis necessários para a transição de gerações, o debate sobre diferentes lideranças, legitimadas por todos, e que nos fortalecem para a continuidade.

Como você vai perceber nas histórias que vamos contar, cada um chamou para si mesmo o desafio de trabalhar a continuidade, e com isso, assumiu um **protagonismo** que foi muito além da nomenclatura de um cargo ocupado. Curioso é que, muitas vezes, não havia um cargo de liderança a ser ocupado, o objetivo era cumprir seu compromisso com o legado. O trabalho foi sendo feito porque tinha que ser assim, e de repente, quando se deram conta, haviam se tornado líderes.

Liderança, numa família empresária, é um papel que, em geral, não vem pronto, vai tomando forma ao longo do tempo. Esses líderes não fazem somente o que lhes agrada, mas assumem a responsabilidade de trilhar os caminhos para o futuro de toda a família. A partir dessa responsabilidade, mobilizam as pessoas, unem as diferentes gerações e permanecem firmes em seus propósitos. Não é uma liderança definida de fora para dentro, mas sim de dentro para fora.

São líderes com uma visão ampla que percebem que, se não fizerem nada, a família empresária terminará um dia, e que a maior parte da responsabilidade cabe às próximas gerações. De nada adiantará buscar os culpados ou ficar focado nos erros e heranças negativas das gerações anteriores, a atitude ideal é focar no aprendizado que o passado pode trazer.

As transições que temos aqui não envolveram um descritivo de atribuições ou uma trajetória de desenvolvimento definida, ao final foram sendo bem estruturadas, no decorrer do caminho. Importante dizer que hoje cada um deles atua para que, no decorrer das gerações, as transições possam ser planejadas.

Parte do desafio também envolve contribuir para estruturar um processo que garanta uma liderança com representatividade, ou seja, conseguir identificar e escolher os melhores expoentes da diversidade da família para os distintos papéis que consigam trazer a legitimidade e opinião de seus representados. Dentro ou fora da gestão existem espaço e necessidade do exercício de encargos de liderança. Quando isso não é desenvolvido e trabalhado com clareza, o que tende a acontecer é que todos passem a querer trabalhar mo interior da empresa, porque pensam que estar lá é o único caminho para "saber das coisas", ouvir e ser ouvido.

Assim, é preciso desenvolver a liderança empresarial, societária, familiar, e também em cada núcleo societário, mantendo a ideia de ter distintos perfis e papéis como líderes, e não a centralização em apenas uma pessoa.

Vale lembrar que a liderança para o negócio é aquela que pode, mais facilmente, ser avaliada e monitorada e, inclusive, até ser delegada a membros não familiares. Já o perfil para ser sócio e suas lideranças precisam ser desenvolvidas. Cabe a cada um dos familiares refletirem e se aprofundarem sobre a pergunta: onde posso agregar mais valor?

Nos casos que contaremos aqui, você poderá notar diferentes perfis, onde cada um assume determinada liderança, identificando e se somando aos demais líderes da família para fortalecer a transição e a continuidade. Essa liderança acaba sendo reconhecida e legitimada, além de, muitas vezes, transitar para distintos sistemas. Cada um deles, com sua atitude, decide manter o foco nos aspectos positivos, com a clareza de que não basta apenas ser uma empresa familiar, é preciso mobilizar e engajar os familiares na decisão de se tornar uma verdadeira família empresária, mostrando que isso envolverá o trabalho de todos.

## 3ª LETRA DO ALICERCE:

## I CORRESPONDE À ***INCLUSÃO***

O terceiro aspecto do alicerce é a inclusão, que nos traz um debate interessante em torno da questão: praticamos a inclusão e o envolvimento?

A inclusão tem sido um tema da atualidade e é cada vez mais uma demanda social, pois pressupõe o exercício da igualdade. Nas famílias empresárias, essa prática traz o benefício de permitir ao outro que possa trazer sua contribuição, além de fortalecer um sentimento de valorização para todos.

Quando a complexidade da situação aumenta, existe uma tendência em se buscar o caminho mais fácil: resolver em um pequeno grupo, ao invés de incluir todos. Buscando minimizar a complexidade, essa atitude pode provocar sentimentos de exclusão, ao limitar a participação das pessoas. No entanto, para a sustentação de longo prazo, e de fato construir a continuidade, já sabemos que será um desafio desenvolver e praticar o princípio da inclusão.

O primeiro passo para a inclusão implica definir qual o conceito de família e como seus membros estarão envolvidos. O aprofundamento desse passo envolve se perguntar: como incluir os membros da família nos debates dentro de cada tema, em que grau, profundidade e necessidade?

Considerando que existem diferentes papéis na família empresária, a família precisará trabalhar em suas definições, com seus devidos direitos e deveres. Afinal, incluir não significa necessariamente que todos participem do mesmo modo de tudo, mas sim que tenhamos ambientes para o diálogo em cada papel e canais claros de comunicação e participação.

O exercício de definição de papéis implica em detalhar os direitos e deveres nos distintos aspectos: como membros da família, sócios, gestores ou conselheiros, deixando claras as responsabilidades, compromisso de envolvimento e grau de autonomia em cada um deles.

Tendo a clareza sobre cada um dos papéis e suas responsabilidades, o próximo passo para a inclusão passa a ser a transparência. Isso significa que toda a família precisa sentir que é tratada de forma transparente e ser considerada no acesso à informação, sempre de acordo com seu papel.

A inclusão também precisa ser geracional, com essa mudança de atitude, onde os adultos passam a incluir os novos adultos, que já não são mais crianças. E que não sejam apenas como ouvintes, mas que possam dialogar e interagir entre gerações adultas, para que possam se desenvolver com aqueles que atuam nas tomadas de decisão.

As famílias empresárias tendem a ser universos com foco em um único modelo de sucesso, o padrão do fundador. Praticar a inclusão implica também em valorizar diferentes projetos de vida e fontes de realização como forma de ampliar os possíveis caminhos que cada um possa trilhar, e, mesmo fora dos padrões, conseguir fortalecer a família empresária.

Nas trajetórias dos membros da nova geração, teremos diversos exemplos, em que fica claro que a inclusão e o envolvimento é que gera o compromisso de todos. Quando a inclusão possui estrutura e critérios transparentes, constitui compromisso, pois ao participar dos diálogos, as pessoas assumem suas responsabilidades de forma esclarecida.

## 4ª LETRA DO ALICERCE:
## C CORRESPONDE À ***COMUNICAÇÃO***

Um dos grandes desafios que todas as famílias empresárias enfrentam é planejar e implantar práticas de comunicação, envolvendo os distintos públicos e os diferentes papéis neste contexto. O que pode adicionar complexidade é o fato de que, na época do fundador, ou em gerações anteriores, não havia nada disso e ninguém reclamava. Havia total legitimidade do modelo do dono. Mas à medida que avançamos precisaremos construir uma nova relação de confiança, que pressupõe diálogo e informação.

Muitas famílias acreditam que, por terem boas relações, não precisam desenvolver mecanismos ou praticar a comunicação. Esse pressuposto acaba reforçando uma mistura de papéis, apoiado na crença de que a família é aberta e está "sempre" conversando sobre tudo. Essa premissa não se sustenta, pois a conversa familiar é ocasional, informal, muitas vezes não conta com todos os envolvidos e não aborda, de forma estruturada, os temas de caráter societário ou de negócios. Por serem membros da mesma família, a comunicação tende a não ser tão cuidada, como a praticada em relação àqueles que são de fora da família. E assim, devido à informalidade, crenças precipitadas de que algo não precisa ser passado ou dito, pressupostos de que o outro já sabe, ou já deveria saber, e os assuntos vão se acumulando.

Nos relatos dos membros da nova geração, veremos que sua postura tem como objetivo a construção de pontes, muitas vezes reconectando vínculos e abrindo canais que estavam obstruídos. Reforçam a necessidade de clareza das funções para que também se tornem explícitas as responsabilidades de ação na melhoria da comunicação. Agem de maneira decisiva ao resgatar a abertura para diálogos necessários e frequentemente são promotores de iniciativas na busca de aprendizado a fim de melhorar a comunicação. Sim, todos podemos aprender a nos comunicar melhor, inclusive no complexo ambiente de diversos papéis que é a família empresária.

Por isso, para criar um alicerce forte, toda família empresária precisará se desenvolver, debatendo quais serão os padrões e as práticas de comunicação que podem adotar com o intuito de serem mais eficazes e assertivos. Dedicar-se também ao exercício de mapeamento e definição dos conteúdos adequados para os papéis, aliados aos distintos canais e à frequência da comunicação.

Além disso, manter a clareza sobre a estrutura e os distintos ambientes, por exemplo: falar de negócios quando estiver em contextos empresariais; comunicar-se sobre a sociedade nas assembleias, reuniões de sócios e de apresentação de informações; e abordar temas de família no ambiente familiar.

É importante estabelecer os canais que serão utilizados para a comunicação e a postura esperada, permitindo que todos se desenvolvam nesse aspecto. Pode parecer difícil a princípio, requer atitude e prática, mas será fundamental para ajudar a manter e criar fronteiras saudáveis.

## 5ª LETRA DO ALICERCE:

## E CORRESPONDE A ***EQUILÍBRIO***

Nosso próximo tema se traduz na busca pelo desenvolvimento equilibrado e contínuo entre os temas,e os distintos públicos, que compõem os sistemas família, patrimônio e empresa.

Equilíbrio é a palavra-chave para tudo na vida: qualquer coisa em excesso, já sabemos, pode fazer mal, e sua falta também pode ser um sinal de risco. Por observação de diversas trajetórias empreendedoras, temos conhecimento que nem sempre o progresso de um empresário nos negócios é acompanhado por um desenvolvimento nas demais áreas, e a ausência de crescimento em todas as frentes de trabalho da família empresária poderá comprometer a continuidade.

Em geral, o dilema do equilíbrio se localiza na aparente incompatibilidade entre dois universos, vistos como opostos: família e empresa.

Essa cultura de origem, que parte do dilema entre valorizar a empresa ou a família, pode ser representada pelas diferenças entre o fundador e sua esposa, resultando num desequilíbrio. Quando o enfoque maior é para o sistema empresa, é possível simbolizar que os temas de família, ou aqueles considerados longe da vida prática, não merecem destaque, preparo ou cuidado.

Utilizando uma metáfora, quando nos referimos ao corpo humano, equilíbrio é a base para a realização correta de qualquer movimento. Isso ocorre porque dois elementos são fundamentais para nos movimentarmos de forma funcional e harmônica: estabilidade — a habilidade de controlar um movimento, que está ligada à coordenação motora; e mobilidade das articulações — a capacidade de gerar um movimento de forma coordenada.

O equilíbrio então pressupõe estabilidade para que se possa gerar movimento. E assim também podemos observar nas famílias empresárias, que para a construção da continuidade precisaremos de uma base, a qual nos traga estabilidade, e do movimento, que pressupõe enfrentar os desafios e criar o progresso.

Faz parte do desafio da família, como um todo, buscar conhecimento e desenvolvimento integrado, valorizando tanto os aspectos práticos da vida e dos negócios, quanto os de caráter relacional e de desenvolvimento pessoal, emocional e familiar.

Poderemos perceber, nas histórias a seguir, que quando se trata de desenvolver o equilíbrio, como membro de uma família empresária, na perspectiva individual, uma característica importante é o compromisso em se desenvolver. A contribuição de cada um para o equilíbrio da família empresária, a longo prazo, envolve uma postura, seguida de ações, que englobam no sistema familiar: cuidar do desenvolvimento educacional, emocional e pessoal dos membros da família e a integração entre eles; no sistema patrimonial: buscar conhecimento, propor e estruturar ações para fortalecer a estrutura societária e patrimonial; e dedicar-se ao sistema empresarial: acompanhar as tendências e exigências do mercado para compreender as variáveis que envolvem os negócios.

Cultivar o equilíbrio envolve ainda incentivar que toda a família se desenvolva, lembrando que quanto mais capital humano houver, melhor, porque assim se tem garantia de uma boa composição no time. Ao mesmo tempo, todos os membros precisam estar dispostos a cumprir as tarefas deste projeto mais amplo para poder contribuir de forma legítima.

Equilibrar é uma arte, sem receita pronta, elaborada pelas famílias empresárias que atravessam gerações, buscando o conhecimento que traz competência, para ajudar toda a família a ir mais longe.

## 6ª LETRA DO ALICERCE:

## **R** CORRESPONDE À ***RESPONSABILIDADE***

O sexto componente de nosso alicerce é a **responsabilidade**, que está relacionada com o debate coletivo sobre o quanto queremos assumir o compromisso de ser, e nos manter, uma família empresária.

É até natural que esse tema não seja debatido na primeira geração, em que há um fundador ou fundadores que se escolheram e o desejo de avançar e progredir estava lá. A partir da transição de gerações, cada membro da família empresária precisará abordar esta questão: desejo assumir a responsabilidade em ser parte de uma família empresária?

É uma decisão que envolve o compromisso em cuidar do legado para a construção da continuidade, mas também, e principalmente, investir em sua trajetória de forma que possa agregar valor. Envolve investir em **conhecimento e autoconhecimento, e conduzir seu projeto de vida de forma integrada e alinhada, lembrando que existem premissas e valores a serem respeitados.**

Vocês conhecerão personalidades curiosas e inquietas, que se dedicaram e continuam se dedicando a aprender. Buscam o embasamento formal ou informal para tudo o que fazem. Seja por meio da educação acadêmica, troca de experiências, leituras, pesquisas, conversas ou reuniões. Todos buscaram se preparar, criando formas de aprender com quem sabe, tem experiência ou já viveram determinadas situações, sempre procurando referências. Sem considerá-las receitas prontas, mas sim utilizando esses elementos para descobrir um jeito próprio de fazer, que reflita o espírito da família empresária.

A busca por conhecimento para assumir sua responsabilidade também aparece no interesse em se conhecer melhor e na tentativa de equilibrar seus vários papéis, como executivos, membros da família e sócios. São pessoas que saem da zona de conforto, vão além de suas fronteiras e se aventuram pelo desconhecido, não tem restrições em obter suporte para seu desenvolvimento, vão num movimento de humildade para ir à busca do que ainda podem aprender.

Nesse processo de procurar dar sua melhor contribuição, saíram de suas "caixinhas" e consequentemente de roteiros prontos que já estavam previstos ou escritos para eles, quebrando alguns padrões ou expectativas das famílias de origem. Propuseram explorar novas maneiras de fazer, como estudar em outras cidades, ou ainda, fazer intercâmbios ou formações no exterior. Também, em algum ponto da trajetória, foram buscar o conhecimento sobre o tema do desenvolvimento das famílias empresárias, envolvendo os familiares, abrindo novas fronteiras para eles mesmos e para os demais. Contribuíram incentivando o desenvolvimento, formação e educação contínua para todos os parentes tanto em temas de formação técnica como de relacionamento.

Ao longo dessa jornada, quase sempre compreendem que também poderiam se realizar fora da empresa da família. Isso acaba tornando a decisão da responsabilidade em permanecer uma clara opção, e não uma pressão ou submissão, trazendo muita percepção e tranquilidade para atuar em seu papel na família empresária e fazendo o que tem que ser feito.

Você conhecerá as histórias daqueles que fizeram a escolha de perseverar. São pessoas que se dedicam, procuram vencer as dificuldades e mobilizam a família quantas vezes forem necessárias. Eles viveram e atravessaram situações em que foi preciso superar grandes dificuldades, seja com paciência e diálogo, ou trabalhando e fazendo acontecer. Momentos difíceis, crises, perdas, mudanças inesperadas que acabaram por se transformar em grandes oportunidades de crescimento.

Você precisa partir do princípio, sem tentar reproduzir o modelo da geração anterior. Dedicar-se a conhecer as responsabilidades que um membro de família empresária tem, compreender os ônus e bônus, estar disposto a se desenvolver, além de engajar-se com o protagonismo necessário no papel em que mais puder, e desejar e agregar valor. Mesmo que você escolha ser um sócio, agir como investidor e ter outras atividades, terá um grau de envolvimento e poderá fazer diferença na construção da continuidade.

Ser uma família empresária não é um acontecimento do acaso, mas uma decisão que precisa ser tomada. Uma analogia bastante próxima é a dos atletas de elite: treinar e se esforçar é uma decisão de vida que vai acarretar mudanças irreversíveis ao processo. Ou você adere, ou não vai para frente.

Para chegar aonde chegou, o fundador trabalhou muito, se dedicou e cumpriu uma série de tarefas, e assim será para as gerações seguintes. Essa perseverança vem de acreditar no processo e em que tudo vai dar certo, apesar dos percalços do caminho. Como disse Gandhi, o filósofo indiano: "Aquilo que parece impossível pode ser alcançado a partir de uma teimosia pacífica".

## 7ª LETRA DO ALICERCE:

## C CORRESPONDE À ***CONFIANÇA***

O penúltimo componente é a confiança. Mas o que é confiança no contexto da família empresária?

A confiança é o principal ativo que permeia as relações humanas, valorizando a transparência entre os envolvidos. Um componente subjetivo que se traduz em comportamentos pragmáticos e tangíveis numa forma de atuar com engajamento e compromisso. É a partir dela que vamos descobrir e reforçar valores em comum, criando laços e reforçando as raízes que vão embasar nossos projetos de vida e uma visão de futuro alinhada. Essa união se dá pela percepção da prática de valores duráveis que irão nos manter conectados.

Não é por acaso que diversos estudos confirmam que existe uma correlação entre alta dose de confiança e desenvolvimento econômico. A desconfiança dobra o custo de fazer negócios, uma vez que tudo precisa ser revisto e reavaliado e necessita de garantias. Já em ambientes onde há confiança, tudo flui mais rápido, melhor e com menor custo.

Considerando uma família empresária, sabemos que as relações societárias são de livre escolha na primeira geração e existe uma legitimidade que leva a um alto nível de confiança. Por ter sido o iniciador de todas as ações, desbravador e empreendedor, e também por ter sido bem-sucedido, o fundador é o depositário da confiança de todos.

Quando se passa do modelo individual para o coletivo é necessário desenvolver um novo patamar de confiança, pois nem sempre os novos membros têm o mesmo nível de legitimidade nas ações. Da segunda geração em diante, a sociedade será uma relação imposta, recebida como parte da herança deixada pelos fundadores. Precisamos sempre nos lembrar: a confiança não é herdada, ela precisa ser construída.

Portanto, para que a relação seja sustentável, é necessário renovar o compromisso na transição dos participantes. Afinal, há uma grande diferença entre manter a relação com um sócio escolhido e mantê-la com sua família, cônjuge, filhos e demais herdeiros.

O aspecto documental é importante para a continuidade, mas devemos ter a clareza de que ele não garante a relação entre os membros da família. Muitas famílias empresárias ainda têm a crença de que documentos, bem-estruturados, poderão legislar sobre as relações. Não é bem assim. As pessoas não mudam seus comportamentos apenas porque estão amarradas contratualmente. Na prática, um testamento ou um contrato não consegue suprir a falta de confiança. Como em qualquer relacionamento, a sustentação se dá na vivência do cotidiano, na capacidade de compreender seu papel e o do outro e no desejo de permanecer juntos. Justamente por essa complexidade, não é raro vermos o fim de empresas por causa da falta de confiança entre os sócios.

A analogia deixa claro que a confiança é a construção de uma relação sustentável que se traduz em assinar embaixo das ações do outro, onde eventuais desacertos são acompanhados de disposição para o diálogo e para a reconstrução.

Na perspectiva individual, sugerimos que cada membro da família reflita sobre um "balanço da confiança". Como numa análise financeira, da mesma forma que consideramos a confiança um ativo, ou crédito, a falta dela poderá se tornar um passivo ou débito. Cabe então nos perguntarmos: quais ações reforçam a confiança, ou ainda, quais aquelas que não fortalecem a confiança? Como estão nossas práticas?

Cada uma das histórias que iremos compartilhar deixa claro que temos que abordar este tema em toda reconfiguração da sociedade e geração. Rediscutir e validar as bases da confiança e recontratar nosso desejo de seguir em frente. Os membros da nova geração precisam assumir seu protagonismo, iniciando e promovendo esse debate, na qual essa contribuição pode ser decisiva para a continuidade.

## 8ª LETRA DO ALICERCE:

## E CORRESPONDE À *EQUIPE*

O último item do acróstico trata do espírito de equipe.

Como já mencionamos, ao passar de uma geração para outra, saímos de um modelo individual para um modelo coletivo e nesse processo é fundamental o fortalecimento do espírito de equipe e a compreensão de que são as diferentes lideranças, a inclusão, a melhoria da comunicação, o equilíbrio e a compreensão das responsabilidades que irão gerar confiança, fortalecendo a família como uma equipe. A prática de todos os itens do alicerce produzirá o fortalecimento do "nós", em detrimento da prática do "eu".

A colaboração mostra resultados melhores que o trabalho individual. Mas não se chega a ela sem esforço. Quebrar esse paradigma exige muito trabalho. É importante esclarecer que trabalhar em equipe não pressupõe que todos farão a mesma coisa, e sim que cada um pode contribuir com o que tem de melhor. Parece óbvio, mas nem sempre é percebido dessa forma.

Para se construir uma equipe, é necessário transitar de maneira legítima do "eu" para o "nós". Os líderes da nova geração percebem, em algum momento, que a continuidade demanda cultivar o espírito de equipe, o que implica colocar o **interesse coletivo acima de interesses individuais**.

Mas como fazer esse movimento?

**Ao reforçar o orgulho de pertencer a algo maior, manter a** clareza e alinhamento de objetivos **e fortalecer a** crença de que juntos somos mais fortes.

Investir na formação das pessoas para o trabalho em equipe é uma mudança de paradigma. Desenvolver a busca pelo alinhamento é um exercício, requer debate, argumento, tempo e investimento na relação, com foco em aumentar o conhecimento de todos como grupo, para que possamos tomar melhores decisões. Exige disposição para a contribuição e o diálogo.

Também precisaremos considerar o avanço de um propósito do grupo — algo que nos conecta — para estarmos juntos?

O objetivo final é criar um ambiente em que podemos perceber qualidades e compreender que todos têm o mesmo objetivo, e por isso, buscam pacificar as relações, definindo as fronteiras das discussões, ajudando a desenvolver os fóruns específicos e sabendo escolher as batalhas, em um processo de longo prazo, com muita paciência. E, como cada escolha é também uma renúncia, tomam decisões com base no que é melhor para o todo — a família, o patrimônio e a empresa —, e não somente para algumas pessoas.

As histórias de cada um dos membros da nova geração que apresentaremos deixam claro o quanto compartilham do desejo de participar de algo maior que si mesmo. E assim se transformam em elementos unificadores, as "colas" que ajudam as famílias empresárias a crescer juntas e vencer os problemas a partir da conexão de pontos que muitas vezes são vistos como aparentemente incompatíveis. São histórias de pessoas que cultivam o trânsito entre gerações e também exercem o papel de levar para as novas gerações os valores, propósito e legado de toda a família.

Para isso, trabalham em estabelecer ferramentas, processos e caminhos para que toda a família empresária caminhe junta. São aqueles que praticam o ouvir e, por sua dedicação, acabam sendo ouvidos por todos. Em vez de superar a geração anterior, existe uma convivência e o entendimento de que cada um contribui para o sucesso da família empresária.

Portanto, aqui apresentamos o **ALICERCE**, o caminho para novos comportamentos, atitudes e compromissos aos quais a família precisará se dedicar, monitorar e estabelecer mecanismos para seu desenvolvimento.

CAPÍTULO 2

# Os sistemas da empresa familiar

Antes de avançarmos para conhecer as histórias de membros da nova geração, é importante que tenhamos como pano de fundo um entendimento sobre a estrutura e a dinâmica das empresas familiares. Ao lidar com esse contexto, estaremos abordando um sistema composto por três subsistemas: família, patrimônio e empresa. Cada um deles com sua própria funcionamento, motivações e valores essenciais.

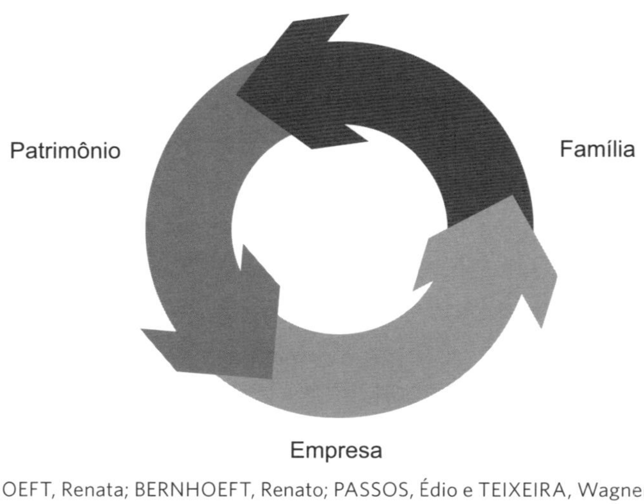


Fonte: BERNHOEFT, Renata; BERNHOEFT, Renato; PASSOS, Édio e TEIXEIRA, Wagner Luiz. Família, família, negócios à parte: Como fortalecer laços e desatar nós na empresa familiar.

A família é a origem, constituída por vínculos biológicos e de afeto, um subsistema em constante transformação, regido por critérios próprios de cultura e valores de origem. Inclui a geração fundadora, seus descendentes diretos, cônjuges e conviventes.

O patrimônio reúne o conjunto de bens tangíveis de uma geração, incluindo as empresas, participações societárias em outros negócios, imóveis, bens móveis e recursos financeiros. Um subsistema regido pela combinação entre proporcionalidade e resultados.

E a empresa, o subsistema que abrange todos os negócios, em geral a parte mais visível de todo o patrimônio familiar, um ambiente regido, essencialmente, por métricas e parâmetros de mercado.

A coexistência entre os subsistemas faz com que a dinâmica da empresa familiar seja complexa e dê origem a distintos públicos, que precisam ser levados em consideração na construção do projeto de continuidade.

## Os públicos da empresa familiar

Qualquer organização de negócios envolve o interesse de grupos diversos, alguns dentro das fronteiras da empresa, como os funcionários, alguns além dessas fronteiras, como os fornecedores. No caso das empresas de controle familiar, há grupos específicos com interesses diretos em relação ao futuro da companhia e que devem ser olhados com muita atenção. Esses são os públicos, e podemos dividi-los em sete categorias.

1. Membros da família
2. Proprietários familiares
3. Proprietários não familiares
4. Familiares que trabalham na empresa
5. Proprietários não familiares que trabalham na empresa
6. Executivos não familiares
7. Proprietários familiares que trabalham na empresa

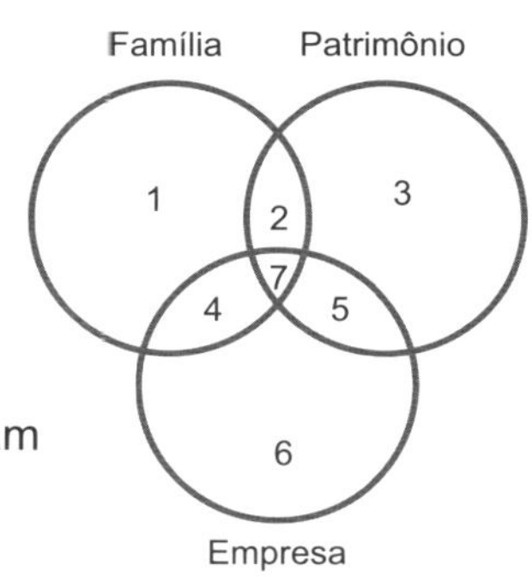


Fonte: BERNHOEFT, Renata; BERNHOEFT, Renato; PASSOS, Édio e TEIXEIRA, Wagner Luiz. Família, família, negócios à parte: Como fortalecer laços e desatar nós na empresa familiar.

1. **Membros da família:**

   O público aqui classificado como membros da família é aquele composto pela geração fundadora, ou seja, fundador (a), seu(sua) cônjuge e seus descendentes diretos das gerações seguintes.

   Os interesses dos membros da família em geral, independentemente do fato de serem proprietários ou de participarem da gestão da empresa, acabam se manifestando de maneira informal, e não devem ser simplesmente ignorados. A primeira atitude necessária é passar a olhar para os membros da família como potenciais sócios, atuais ou futuros, que em algum momento podem exercer esse papel.

   Em cada família existe o debate sobre a inclusão dos cônjuges e conviventes das próximas gerações, como pertencentes a este público. Nossa experiência indica que não é possível, nem desejável, deixar os "agregados" totalmente à parte das informações do processo de sucessão e continuidade. Caberá a cada família decidir se considera ou não essas pessoas parte da família empresária, e em que grau e qual o tipo de envolvimento formal eles terão nas discussões. Um envolvimento em bases iguais aos dos filhos, porém, funciona apenas em algumas culturas familiares específicas.

   A criação de fóruns adequados e de mecanismos de governança costuma ser um bom canal para esse tipo de comunicação, além de servir ao propósito do respeito e do fortalecimento dos vínculos emocionais com os negócios da família.

2. **Proprietários familiares:**

   Localizado na confluência entre os subsistemas família e patrimônio, esse grupo tem interesse direto sobre os rumos e resultados dos negócios. A participação acionária de cada um dos integrantes desse grupo pode variar, mas todos podem ser vistos como investidores preocupados em obter o retorno adequado sobre seu capital. A eles, de forma articulada, caberão as principais decisões que darão o norte para os negócios e, por isso, sua relação com os executivos responsáveis pela gestão é estreita — respeitando os mecanismos de governança e seus respectivos fóruns.

3. **Proprietários não familiares:**
   Na fundação das empresas familiares e ao longo de seu desenvolvimento, pessoas de fora do âmbito da família podem ser incorporadas como sócios. É o caso de cofundadores ou sócios investidores — fundos de pensão, instituições bancárias ou mesmo outras famílias. A relação dessas pessoas, ou instituições, com o negócio deve ser regulada, o que implica o reconhecimento da legitimidade de seus interesses.

4. **Familiares que trabalham na empresa:**
   Esse grupo é formado por familiares, descendentes do fundador e outros, que no presente não possuem participação societária e ocupam cargos na companhia. Eles têm preocupações específicas — por exemplo, com a possibilidade de que se decida que todos os familiares devem deixar a empresa dando lugar a executivos não familiares —, assim como podem fazer certa confusão entre os círculos da família e da empresa.

5. **Proprietários não familiares que trabalham na empresa:**
   Esse grupo é formado por sócios não familiares que ocupam cargos na companhia. Eles possuem um duplo papel de influenciar os rumos dos negócios — na condição de proprietários — e implementar as ações decorrentes da direção estratégica. Podem trazer um distinto patamar de exigência, por não carregarem vínculos de origem ou emocionais com a família.

6. **Executivos e funcionários não familiares:**
Na medida em que a empresa familiar evolui para um tipo de gestão mista, esses profissionais passam a assumir posições estratégicas para as operações e o futuro da companhia. Seus interesses devem ser analisados com atenção, afinal representam, muitas vezes, a força estratégica e de trabalho para a sustentação dos negócios.

7. **Proprietários familiares que trabalham na empresa:**
Essas pessoas estão no centro da intersecção entre os três subsistemas e isso tem consequências determinantes em relação ao papel que desempenham e a sua atitude. Se, por um lado, participam ativamente do processo de tomada de decisão sobre o futuro dos negócios, sofrem o impacto dessas mesmas decisões e, quando ocupam posições estratégicas, são responsáveis por implementá-las.
Ao mesmo tempo, esse grupo pode ter ainda maior dificuldade em fazer a separação adequada entre os sistemas. Para seus integrantes, criar fronteiras entre os círculos pode ser algo extremamente penoso. O ideal é que se mantenham distantes do modelo de "dono" e assumam a postura de serem líderes a serviço da família e da sociedade.

## Histórias reais

Mantendo em mente o ALICERCE e os distintos públicos como pano de fundo, vamos conhecer as histórias de líderes da segunda e terceira geração de famílias empresárias. Exemplos inspiradores e sinônimos de paixão, conhecimento, liderança, união e perseverança.

As histórias serão todas contadas na perspectiva da nova geração, trajetórias de quem está vivendo transições encaminhadas. Em cada uma delas, você terá a chance de observar os aspectos que consideramos fundamentais quando nos referimos ao desenvolvimento do capital humano para o desafio da continuidade.

Em momentos diferentes, em famílias empresárias com configurações e culturas distintas, eles enfrentaram e venceram muitos desafios. Desenvolveram os aspectos do alicerce em si mesmos e em seus familiares. Envolveram, motivaram e criaram pontes entre os distintos públicos. Contribuíram para a evolução dos sistemas, da governança e da sociedade — e, nesse processo, abriram oportunidades de evolução não somente para si mesmos, mas também para as novas gerações que virão adiante.

Você irá conhecer as trajetórias de:

**Alessandra Nishimura**, 3ª geração da família empresária Nishimura do Grupo Jacto de Pompeia – SP.

**Dirceu Pezzin**, 2ª geração da família empresária Pezzin do Grupo Peccin de Erechim – RS.

**Felipe Zica**, 2ª geração da família empresária Zica Fialho da Minasligas de Belo Horizonte – MG.

**Leonardo Schneider**, 3ª geração da família empresária Schneider do Grupo Neider do Rio de Janeiro – RJ.

E o casal **Sara Hughes** e **Carlos Renato Trecenti**, 2ª geração da família empresária Trecenti do Grupo LWART de Lençóis Paulista – SP.

Boa leitura!

Alessandra Nishimura

CAPÍTULO 3

# Alessandra Nishimura

À primeira vista, Alessandra Nishimura é apenas uma integrante do Conselho de Sócios da sua família empresária. Na prática, porém, ela se torna muito mais importante. Ao longo de uma trajetória de mais de vinte anos de trabalho e dedicação, ela se tornou uma "líder invisível" do projeto de transição e governança e vem atuando como a que une várias gerações em prol de um sentido comum. Também conseguindo levar sua mensagem para outras famílias empresárias, do Brasil e do mundo.

Alessandra faz o trabalho da costura com os familiares, conversando com todos, aparando arestas, organizando encontros de família, ajudando os mais novos a refletir sobre seus caminhos e facilitando as oportunidades de diálogo entre a segunda, terceira e quarta gerações adultas, dos cinco núcleos familiares, descendentes do fundador.

Sua inspiração sempre foi o avô Shunji Nishimura, fundador do Grupo Jacto. Ela conta que uma vez foi visitá-lo, quando já estava bem idoso. Conforme ela se sentou ao seu lado, ele disse que tinha uma mensagem muito importante para ela. Foi então que pediu para que ela cuidasse de toda a família e, principalmente, que não deixasse ninguém brigar. É algo que Alessandra leva até hoje. Entre os dezenove integrantes da terceira geração da família, ela é quem navega entre todos os familiares, primos, tios, sobrinhos, irmãos e seus pais. Talvez tenha herdado a característica de agregar as pessoas, e Alessandra sabe bem que seu avô lhe passou a missão de ser guardiã do futuro dos Nishimura.

## Uma relação muito próxima

A relação de Alessandra com seu avô Shunji sempre foi muito próxima. E ele foi uma pessoa especial, que imigrou, ao lado de sua esposa, iniciou uma grande família e fundou a Máquinas Agrícolas Jacto em 1948. Decidiu passar a liderança da gestão dos negócios para seus filhos em 1982, tomando uma decisão única, e assim passou a se dedicar à fundação que leva seu nome. Até hoje, ele continua sendo uma figura muito forte. Alessandra conta: "Há pessoas vivas que se fazem de mortas, e mortos que estão vivos. Meu avô é exatamente esse fundador que já faleceu, mas continua muito presente entre nós".

Parte dessa memória de Shunji Nishimura existe porque a segunda geração, sempre que havia uma oportunidade, rendia honras a ele. Os filhos sempre tiveram uma relação de muito respeito e gratidão. Os netos, por sua vez, o viam como um sábio, sempre com algo importante a dizer.

Claro que nem tudo era um mar de rosas com o avô. Apesar de engraçado e criativo, ele também podia ser muito duro. Os filhos conviveram mais com a dureza e com o nível de exigência dele, enquanto os netos puderam cultivar um relacionamento diferente. E como a diferença de idade entre os netos é considerável, alguns, como Alessandra, tiveram muito contato com ele, enquanto outros nunca o conheceram, mas conviveram, e muito, com suas histórias de vida, cultivando uma relação de amor que vai muito além.

A presença do avô continua sendo constante na família. Afinal, os valores dele são as bases para a continuidade dos Nishimura. Shunji costumava dizer, por exemplo, que ninguém cresce sozinho, que é preciso sempre semear mais vida, e que depois da noite sempre vem o dia. Ensinamentos intuitivos que revelam uma sabedoria baseada na simplicidade, extremamente potente, quando aplicada à vida prática. Como diz Alessandra: "Até hoje nos baseamos no que ele falava. Buscamos agir em grupo, ter paciência para plantar e entender que toda crise um dia termina. São valores que nos fortalecem nos momentos difíceis".

Quando era criança, Alessandra não tinha nenhuma ideia da responsabilidade que teria em relação ao futuro da Jacto. Ao mesmo tempo, sempre teve um relacionamento muito próximo com a empresa. Como seu pai, Jiro, foi o sucessor do avô na presidência da Jacto, ela cresceu indo para a companhia, fez parte de sua infância e adolescência. Ir ao escritório da empresa para ver o pai e passear pelo lugar era comum, e ela cresceu vivenciando o que acontecia na Jacto. Seu pai não era de esconder o que acontecia na empresa, tanto nas horas boas quanto nos momentos difíceis. Ela lembra: "Quando a situação na empresa não estava boa, ele dizia para a gente que não ia dar para viajar nas férias. A gente perguntava se não tinha dinheiro. Ele dizia que a gente tinha dinheiro para viajar, mas não ficaria bem sairmos em viagem sendo que os outros pais não podiam levar suas crianças para as férias. Era um senso de justiça muito forte".

Morando em Pompeia, uma cidade de menos de 20 mil habitantes no interior de São Paulo, Alessandra e seus irmãos estudavam na mesma escola de todos os filhos dos colaboradores da empresa. Para ela, isso foi muito bom, pois fortaleceu um sentido de comunidade e mostrou que, no fundo, todos ali estavam no mesmo barco. A infância foi típica de cidade do interior, brincando na rua e tendo como base os valores que os mantinham longe de problemas de escolas de cidade grande, como bullying e competição por aparências.

Com a Jacto, Alessandra cresceu tendo um relacionamento prático. Como Jiro compartilhava com a família o que acontecia na empresa, isso era parte do dia a dia. Ela e seus irmãos trabalhavam na empresa durante as férias de verão, na época do ensino médio.

Alessandra ia para o então Centro de Processamento de Dados, porque era boa com números. Uma habilidade que ela diz que se perdeu com o tempo, pois hoje ela não tem a menor afinidade com os temas da área de Exatas.

É interessante que essa relação positiva que seu núcleo familiar mantinha com a Jacto não era regra. Muitos primos não queriam nem saber da empresa, porque para eles era só briga, só discórdia, e seus pais chegavam a casa com dor de estômago. Para o núcleo familiar da Alessandra, porém, foi diferente, porque seu pai conseguia transmitir as coisas de uma forma realista e tranquila.

## Projetos em mutação

Para Alessandra, sair de Pompeia e ir estudar em uma cidade maior era um caminho muito claro. Os estudos a levaram para um intercâmbio nos Estados Unidos e, depois, para a Faculdade de Administração da PUC, em São Paulo.

Alessandra queria vencer por seu próprio esforço, não por ser herdeira. Mesmo na faculdade, só duas amigas próximas sabiam de sua relação com a Jacto. Isso porque sempre haveria a visão daquele tabu, de que se você tivesse uma empresa ou fosse herdeira não precisaria nem fazer faculdade, porque seu futuro já estaria garantido. Era um tipo de pensamento ainda mais comum nos anos 1990. Para evitar esse tipo de conversa, ela não falava muito sobre sua origem.

Seu desejo era ser *trainee* em uma multinacional, construir uma carreira corporativa e se lançar no mundo. Já tendo morado fora do país, ela projetava conhecer outras culturas e não enxergava seu futuro na empresa da família.

Ao final da faculdade, ainda em compasso de espera aguardando aprovação em processos seletivos, Alessandra voltou para Pompeia. Ela não achava certo ficar em São Paulo, com seu pai a sustentando, enquanto esperava para ser *trainee* em algum lugar. Então resolveu passar a Páscoa com a família no interior.

Durante os dias em Pompeia, encontrou seu tio, Jorge, que estava com um problema de gestão em sua gráfica, um pequeno empreendimento quando comparado ao grupo Jacto. Ele propôs que Alessandra aproveitasse o tempo na cidade para dar uma ajuda. Ela foi, disposta a doar o tempo que tinha, mas pensando em voltar para São Paulo assim que uma oportunidade profissional se encaminhasse.

Nessa época, o ambiente familiar estava pacificado, já que alguns anos antes a segunda geração, formada por seu pai e seus tios, havia elaborado o primeiro acordo familiar societário. Jorge puxava os irmãos a investir em novos passos na jornada de transição, iniciava os projetos de governança e percebeu que precisava orientar a próxima geração. Foi durante a aproximação para ajudar que ele percebeu em Alessandra uma liderança natural e começou a incentivar seu envolvimento no projeto de futuro da família empresária.

Embora a relação entre os membros da segunda geração estivesse pacificada, os anos de conflito haviam afastado a terceira geração do negócio. Perceber isso fez Jorge buscar ajuda; além de envolver Alessandra, propôs que os dezenove membros da terceira geração definissem seus projetos de vida. Eles foram incentivados a progredirem, porque mesmo que não quisessem atuar na empresa, um dia seriam acionistas. O interesse de cada um pelo assunto é que faria com que estivessem bem preparados.

Em 2002, ela passou a liderar, o chamado "Conselhinho" da terceira geração, criado para formatar um programa de formação e integração, que preparasse os netos para seu papel como futuros sócios. O Conselhinho era composto por um membro de cada núcleo, e funcionava como uma espécie de laboratório da governança da próxima geração. A vivência do grupo em planejar o processo de formação e envolvimento da terceira geração teve um grande impacto na preparação para os novos desafios.

Com o passar do tempo, e tendo Alessandra como coordenadora do Conselhinho, o grupo de trabalho da terceira geração passou a formatar os encontros familiares e criou as bases para a reaproximação de todos os familiares com as atividades do grupo. Durante um bom tempo, Alessandra foi vista pelos mais velhos como a "menina que fazia os eventos". Para ela, isso foi bom para dar mais legitimidade ao que era construído pelos mais novos.

Paralelamente às suas atividades de desenvolvimento da governança, Alessandra voltou para São Paulo, mas não para uma multinacional: ela foi trabalhar em uma consultoria que prestava serviços para médias empresas, em sua maioria familiares, em questões financeiras. Ela conta: "Pude estar em contato com várias outras famílias empresárias e dar uma contribuição com base na minha própria vivência". Sua chefe na empresa a estimulou a continuar fazendo seu trabalho no Conselhinho da Jacto, vendo nela algo que ela mesma ainda não enxergava.

## Pausa para reavaliação

Dividida entre o sonho de conquistar o mundo, o trabalho na empresa de consultoria e sua função de liderar a nova geração no projeto de transição, Alessandra acabou precisando de uma pausa. No fim de 2004, enquanto fazia um curso preparatório em São Paulo para buscar um mestrado em uma universidade de alto nível no exterior, uma crise de depressão chegou forte e Alessandra, sempre muito dinâmica, não entendia o que estava acontecendo. Para ela, o estigma da depressão estava muito ligado a choro e negatividade, o que não tinha nada a ver com ela.

Foi um momento de grande estresse pessoal, com muita cobrança sobre ela mesma para alcançar uma boa nota no exame de admissão que faria. A solução foi dar uma parada geral. Por cerca de seis meses, sua vida ficou em *pause*. O projeto de formação da terceira geração, também. Foi um ano para ela se conhecer melhor e reavaliar o que estava fazendo.

Voltar ao trabalho foi um processo gradual. Aos poucos, ela foi encontrando a saída para aquela fase. Decidiu voltar para São Paulo e trabalhou mais três anos em consultoria. Desistiu do mestrado no exterior, mas voltou a estudar, fazendo uma especialização em Desenvolvimento de Pessoas na FIA/USP. Na mesma época, conheceu a FBN, *The Family Business Network*, uma rede mundial constituída por famílias e dedicada a promover o intercâmbio de conhecimento para a longevidade e sustentabilidade das famílias empresárias. Ela começou a participar dos eventos do grupo e incentivar seus pais, irmãos, tios, tias e primos a também estarem juntos. Diz Alessandra: "Eu adorava, porque todo ano tinha a chance de viajar para um país diferente e estar com famílias de diferentes culturas, muitas vezes com os mesmos tipos de conflitos que a gente tinha em Pompeia. Fui me identificando muito". Mais tarde, ela se envolveria no desenvolvimento do capítulo brasileiro do FBN, hoje o quinto maior do mundo.

## A hora de virar a chave

Em 2007, já com uma segunda especialização, Alessandra não estava conseguindo conciliar os estudos para o mestrado e o trabalho. Na mesma época, as demandas na família começaram a aumentar. O Conselho de Sócios, composto pelos membros da segunda geração, decidiu abrir as reuniões do Conselho de Administração do grupo para que a terceira geração participasse. Mensalmente, Alessandra retornava para Pompeia para as reuniões, que começaram a se desdobrar também na participação em comitês de trabalho e outras ações.

Em 2010, com o falecimento do avô e as frequentes viagens de São Paulo a Pompeia para os compromissos com a governança, Alessandra decidiu voltar de vez. Naquela época, ficou muito claro para ela que os mais novos precisariam estar mais presentes. Foi a hora de virar a chave.

Analisando hoje, ela diz que sua carreira profissional acabou se desenvolvendo dentro do ecossistema da família empresária. Mesmo considerando que nunca havia imaginado estar na empresa da família, sempre que ela fazia algo, tinha alguma relação com o assunto, ou porque se aproximava da governança, ou porque prestava consultoria para outras famílias. Aquietar o coração e entender o chamado foi algo que levou tempo. Ela fala desse tempo: "De tempos em tempos, eu tinha crises e dúvidas. Me perguntava se era mesmo o que eu devia estar fazendo. Foi um trabalho muito grande dentro de mim para entender que estar na empresa da família não era um problema e que, muito pelo contrário, poderia ser algo muito bom e bastante recompensador".

Quando voltou para Pompeia, Alessandra passou a ter um papel mais significativo na governança. Se no início ela só ouvia, depois passou a opinar, mas a palavra final era do seu pai, que era o representante oficial do núcleo familiar. Essa evolução, um passo de cada vez, foi gerando um crescimento seguro, de uma forma bem madura.

O fato é que a entrada dos mais novos no principal órgão de governança da gestão ajudou a aparar arestas. O Conselho de Administração era formado por membros da segunda geração, cada um com um filho como suplente. Só isso já melhorou o ambiente. Alessandra percebeu depois de algum tempo que a semente para essa mudança havia sido plantada em 2007, três anos antes, quando idealizou, junto aos demais representantes, um encontro de família que recebeu o nome de "Construindo Pontes entre Gerações", que envolveu todas as gerações.

Alessandra lembra: "A gente sentia uma dificuldade enorme em avançar com as questões de governança e percebia que algo na relação da segunda geração estava barrando isso. A intuição me dizia que tinha alguma herança de sentimentos por causa do histórico dos irmãos. Mas eu era muito ingênua na época. Dizia para eles que tinha coisa mal resolvida na relação deles. Nenhum deles concordava comigo, é claro". De fato, apesar das questões estarem resolvidas no campo racional, pairavam sentimentos que a segunda geração parecia não reconhecer, mas que vinham do passado.

Fato era que lá no início dos anos 1990, o pai de Alessandra, Jiro, e Jorge Nishimura, o irmão mais novo, atuavam como os principais executivos da empresa. Numa reunião com o fundador, apoiado pelos demais irmãos, eles foram pegos de surpresa e convidados a sair da gestão. Foi um momento de muita dor e mágoa. O fundador acabou se dando conta do erro que cometeu e chamou um grande amigo para conversar e tentar reverter a situação, pois a trajetória da família corria o risco de se encerrar naquele momento. Tudo acabou se acomodando, quando Jiro declarou, ao pai e aos irmãos, que não havia gostado da forma como tudo tinha sido feito, mas que os perdoaria. Jorge seguiria o mesmo caminho.

Se o perdão entre os irmãos selou a união entre eles e permitiu que avançassem fortemente como um grupo de sócios e de empresas, a oportunidade de abordar o tema e os sentimentos, quinze anos depois, marcou uma renovação de laços na Família Nishimura, envolvendo agora as esposas e todos os descendentes. O encontro de família foi o momento de lavar a roupa suja, quando a segunda geração realmente se reconciliou entre si e com os mais novos. Por sua sensibilidade e condução na costura dessa reconciliação familiar, a partir dali, Alessandra passou a ser vista como uma pessoa com grande habilidade para trazer informações, *insights* e gerar oportunidades para que a família toda amadurecesse.

## A liderança invisível

Alessandra passou por mandatos como membro do Conselho de Administração do Grupo e hoje faz parte do Conselho de Sócios e é Líder da Governança Familiar. Essa é uma função muito importante para fazer com que os relacionamentos na família empresária fluam de maneira harmoniosa. Planejando os encontros, e a cada conversa em particular com pais, tios, primos e sobrinhos, Alessandra vai costurando uma família empresária que trabalha bem suas diferenças, assume suas responsabilidades, respeita o momento e os projetos de vida de cada um e busca o consenso para que a família avance unida.

Parte disso vem da forma como Alessandra consegue se relacionar com os tios e primos. Ela conta: "Não sei se isso vem das coisas que meu avô me falou, que queria que eu cuidasse da família, mas esse é meu papel. Consigo me relacionar bem com todo mundo, sem me prender a hierarquias".

Para ela, o respeito acontece independente de quem seja a pessoa, da família ou da empresa, sempre com muita transparência. Um passo por vez, sua postura de se expressar sempre e, quando necessário, confrontar, foi legitimando Alessandra diante da segunda geração, que sempre foi muito direta na maneira de falar. Equilibrando respeito e confronto na troca de ideias, ela também conquistou a confiança da terceira geração para ser a representante dos mais novos nas conversas com os mais velhos. Dessa forma, ela consegue exercer seu papel na governança familiar.

Sua atuação relevante na costura da governança também se tornou fundamental para beneficiar as famílias dos colaboradores do grupo. Seguindo o espírito de fortalecer os relacionamentos, em 2019, aconteceu o primeiro encontro com as famílias de 25 líderes executivos, em um formato parecido com os encontros familiares já tradicionais da família empresária. Como parte do programa Empresa Familiarmente Responsável, o Grupo Jacto optou por um modelo ampliado de responsabilidade social, baseado na premissa de que uma empresa familiar se faz com famílias fortes. Isso envolve não somente a Família Nishimura, mas também todas as famílias que estão em seu entorno. Hoje são oferecidos programas, cursos e benefícios para o desenvolvimento dos colaboradores, seus cônjuges e filhos. No início de 2020, temas como relacionamentos e níveis de comunicação foram trabalhados em um seminário para pouco mais de 500 pessoas.

A ideia é preparar todos para gerenciar o ambiente familiar, construir famílias fortes e responsáveis, formar pessoas emocionalmente equilibradas e contribuir para uma sociedade mais sadia. O que Alessandra pensa sobre isso? "É uma forma de multiplicar para todos os colaboradores da Jacto aquilo que vem sendo muito importante para a harmonia e o crescimento da família. Fico muito feliz por ter um *know-how* que posso trazer não somente para minha família, mas para todos, e que está sendo muito bem recebido na empresa. É uma contribuição que posso dar para um mundo melhor."

## Geração bem resolvida

Atualmente, as relações familiares estão estruturadas dentro e fora dos negócios da família empresária Nishimura. Nos últimos anos, a terceira geração foi preparada de forma cuidadosa para assumir um papel cada vez mais importante: todos, independente de suas carreiras, se prepararam para exercer o papel de sócios. Alguns evoluíram para representar suas *holdings* na estrutura de governança familiar e societária, e aqueles que desejaram, cumpriram os passos do preparo para a gestão, atendendo a um critério exigente atrelado a padrões de mercado. Os quase vinte anos de trabalho de formação e desenvolvimento em distintos papéis levaram à transição definitiva dos papéis de liderança para os mais novos, em maio de 2019. Numa cerimônia em que valorizaram o legado e consolidaram a mudança, as cadeiras de presidentes do Conselho de Administração e do Conselho Holding, que reúne os sócios, passaram a ser ocupadas por membros da terceira geração.

Em seu papel como conselheira, Alessandra consegue avaliar o quanto a trajetória familiar foi pacificada ao longo dos anos: "As decisões no Grupo são tomadas em conjunto, em um ambiente de muito respeito. Existem discordâncias, é claro, mas, acima de tudo, muita sabedoria para chegar às melhores decisões para toda a família".

Para ela, a missão de contribuir para o desenvolvimento de seus primos já está bem resolvida. Eles atingiram um nível de maturidade em que cada um é responsável pelo seu autodesenvolvimento e as coisas andam mais automaticamente. Sempre atenta às possibilidades de melhoria nos relacionamentos e no desenvolvimento de uma família empresária duradoura, Alessandra já identifica oportunidades na quarta geração. Os mais velhos da nova geração, com mais de 20 anos, começaram a frequentar as reuniões da família, enquanto os mais novos, com menos de 14 anos, estão sendo envolvidos em um trabalho de preparação específico, realizado anualmente durante os encontros de família.

O modelo de envolvimento da quarta geração ainda não está definido, mas certamente eles fazem parte do futuro da família empresária. Mais uma vez, sob a liderança de Alessandra.

## Realizada, mas com muito a fazer

Ao olhar para o passado e os projetos pessoais que ficaram pelo caminho, Alessandra acredita ter tomado as melhores decisões para sua vida. Planos do passado, como ser uma executiva ou fazer um MBA, não a interessam mais. Ela construiu seu caminho a partir da vivência, descobrindo sua vocação, colocando a mão na massa. "O aprendizado acaba sendo muito mais na prática, na interação com a família e com muitas outras empresas familiares. A troca de experiências com quem vive outras faces da nossa realidade é muito enriquecedora."

O olhar de Alessandra está no futuro. Uma de suas missões é encontrar, na quarta geração, alguém para quem ela possa "passar o bastão", preparando a transição do papel de líder da governança familiar. Essa é uma função fundamental para aglutinar todos os núcleos familiares, mesmo que não esteja indicada em um organograma. Como Alessandra foi fazendo isso naturalmente, tinha a impressão de que era algo que qualquer um conseguiria fazer. Hoje, porém, percebe as características de perfil necessárias e vê que é para poucos. É por isso que precisa identificar um sucessor.

Ao olhar para frente, Alessandra vê a necessidade de retomar o Comitê de Família, que já existiu no passado, mas hoje tem suas tarefas realizadas pelo Conselho de Sócios. O objetivo é criar áreas como desenvolvimento e educação para a quarta geração, a fim de começar a preparar o futuro deles. Outro desafio é estimular a evolução de seus primos como líderes familiares, ajudando cada um a ser uma pessoa melhor, mais capacitada e mais sábia. Assim, Alessandra atende ao pedido do avô Shunji e continua a cuidar de toda a família.

Dirceu Pezzin

CAPÍTULO 4

# Dirceu Pezzin

Em famílias empresárias, a separação entre as relações pessoais e profissionais costuma ser bastante sutil. Muitas vezes, questões familiares interferem no desenvolvimento da empresa e até mesmo na sua perenidade. Dirceu Pezzin é um exemplo do quanto esse tipo de situação exige e do tamanho da persistência e força de vontade que são necessárias para superar os obstáculos que aparecem no caminho.

Gaúcho de Erechim, ele começou a trabalhar na pequena fábrica de doces da família aos 11 anos. A Peccin nasceu em 1956, fruto do sonho da família em ter seu próprio negócio, e foi crescendo lentamente, superando dificuldades de gestão e de relacionamento entre os sócios.

Nessa época, era literalmente o negócio da família. Therezinha, a mãe do Dirceu, ajudava a vender para pequenos comerciantes, e Orélio, seu pai, tocava o negócio com seus tios Clemente e Rovílio. Dirceu cresceu vendo a família trabalhando e, na medida do possível, vivendo aquele ambiente. De manhã, ele assistia às aulas na escola pública da cidade. À tarde, ajudava no que podia: empacotar balas, atividades no escritório. Dirceu lembra que: "Em uma empresa com apenas três funcionários, era preciso lidar com tudo o que aparecesse. Sempre gostei de trabalhar e essa época de ter uma rotina de meio período na empresa começou a criar em mim uma relação de amor com a companhia".

Até os 15 anos, ele trabalhou como auxiliar de escritório na fábrica. Mesmo nas férias, passava os dias inteiros na empresa, fazendo o que davam para ele fazer. Ao terminar o primeiro grau, hoje ensino fundamental, Dirceu mudou para capital do Rio Grande do Sul, Porto Alegre, para continuar os estudos e fazer o colegial, hoje ensino médio. Mas a adaptação à rotina no colégio Rosário Marista não foi simples. Era um ambiente muito diferente e ele não conhecia ninguém na cidade. Mesmo assim, Dirceu persistiu.

Um pouco mais crescido, e com as dificuldades da família para sustentá-lo em Porto Alegre, Dirceu continuou trabalhando para a Peccin, agora como representante comercial. Ele pegava sua pastinha, o mostruário de balas e todos os dias, após as aulas, ia de ônibus para os clientes. Ganhava um dinheirinho, tinha certa independência e gostava muito do que fazia. "Foi uma oportunidade que abracei com gosto."

Aos poucos, com simpatia e força de vontade, Dirceu foi construindo uma clientela. Ele queria fazer faculdade de Medicina, mas o sonho foi inesperadamente interrompido com um sonoro zero na redação do vestibular. Até hoje ele não entende como aquilo aconteceu. Talvez não fosse para ser, já que a nota ruim fez Dirceu ficar em 12º na lista de espera — e apenas 11 foram convocados.

Em sua segunda tentativa no vestibular, agora para Engenharia Civil, Dirceu conseguiu. Seis meses depois, entrava também em Administração de Empresas, em outra universidade em Porto Alegre. Dali em diante, Dirceu passou a equilibrar os dois cursos e o trabalho. Embora gostasse de trabalhar na empresa, ele não queria e nem considerava a hipótese de fazer carreira na Peccin. Sabia, por ter vivido isso, que os sócios tinham uma relação difícil, e que o negócio tinha muita dificuldade de sobreviver. Ele queria mais.

Só que a realidade insistia em bater à sua porta. Cursando duas faculdades ao mesmo tempo em outra cidade e distante da família, Dirceu precisava se sustentar. Então continuava trabalhando como representante comercial.

"Atendia os clientes na hora do almoço, aos sábados de manhã, às vezes faltava às aulas para vender", recorda Dirceu.

## Tempo de aprender

A Peccin lutava para sobreviver. Não havia visão e fôlego financeiro para voos mais ousados. Para Dirceu, esse não era um projeto de vida, e morar em Porto Alegre ainda na adolescência abriu seus olhos. Até então, a empresa vendia seus produtos nos empórios de Erechim, alguma coisa em Santa Catarina e, a partir do trabalho de Dirceu, na capital gaúcha. Ele aprendia com os lojistas locais e ampliava sua visão de mundo. Entendendo melhor como os lojistas da capital trabalhavam e o que outros fabricantes faziam, Dirceu contava para os pais como a concorrência atuava. Também fazia dos professores seus conselheiros, buscando recomendações que pudessem ter uma aplicação prática. Aos poucos, isso foi abrindo horizontes para a família.

Como recorda Dirceu: "Eu gostava muito de trabalhar, mas com o tempo fui vendo uma série de limitações na maneira como eles cuidavam do negócio".

Um exemplo é o sistema de vendas que tinha funcionado em Erechim, mas não fazia a Peccin ser competitiva em Porto Alegre. Na época, a empresa tirava um pedido e a entrega seria realizada um mês depois, enquanto na capital o lojista recebia o produto da concorrência em dois dias. Era preciso mudar isso.

Durante a faculdade, porém, Dirceu não conseguiu mudar nada. Como acontece em muitas empresas, havia uma resistência natural. A primeira geração sabia trabalhar de um jeito que vinha funcionando e trazendo sustento, e não iria fazer mudanças só porque um dos familiares trazia exemplos de algo que parecia distante da realidade deles.

Para Dirceu, o período da faculdade foi muito importante para a incubação de novas ideias. Ele conversava muito com os professores, principalmente aqueles que também viviam o ambiente empresarial, e as perguntas acabavam girando em torno do que acontecia na

Peccin. Dirceu explicava os problemas que a empresa vivia e os professores davam sugestões e dicas. Nas férias, quando voltava para Erechim, ele tentava implantar alguma ideia.

Como boa parte dos professores era formada por executivos, ou até empresários, Dirceu, movido pela curiosidade e desejo de aprender, pedia para visitar as empresas deles. Durante todos os anos de faculdade, ele fez muito do que hoje é chamado *benchmark*, mas que na época não tinha esse nome. Era somente uma forma de conhecer como outras empresas trabalhavam.

"Eu explicava o que estava acontecendo e os professores me davam sugestões, dicas. Quando eu voltava para Erechim nas férias, tentava implantar alguma coisa. Cheguei a levar dois professores para fazer uma consultoria na empresa", lembra Dirceu.

Ele aproveitava seu trabalho como representante comercial da Peccin para aprender. Nas visitas aos comércios e pequenos lojistas, perguntava como era feita a gestão, como se administrava o estoque e como tudo funcionava. Hoje, ele conta que o apoio dos clientes e dos professores da faculdade foi muito importante na sua formação.

"Eu visitava as empresas e não queria só vender. Fui sempre muito curioso, e esse convívio com os clientes e os professores da faculdade me ajudou a aprender mais e mais."

No último ano da faculdade de Administração, a universidade entrou em greve. Dirceu aproveitou o momento para repensar sua vida. Voltando para Erechim, decidiu abrir um escritório de engenharia, e assim imaginava ter sua carreira encaminhada.

Desse modo, ele foi equilibrando tudo aquilo. Dirceu concluiu o curso de Engenharia em quatro anos e meio, ainda faltando um ano para terminar Administração.

## O barco estava afundando

O ano era 1984 e a empresa, mais uma vez, passava por um momento delicado. Os sócios vinham sendo lesados pelo contador, que tinha uma pequena participação acionária no negócio. O pai pediu para que Dirceu tentasse evitar que o barco afundasse.

Como ele se lembra daquele período? "Eu não queria, mas refleti muito e o coração falou mais alto. Mantive o escritório de engenharia aberto, mas também fui trabalhar na Peccin."

O que levou Dirceu a encarar essa briga? Basicamente, a sobrevivência de Orélio, seu pai. Era questão de tempo para que a empresa quebrasse, e o que o pai iria fazer da vida depois disso? Então Dirceu, aos 24 anos e com uma experiência profissional limitada, passou a supervisionar a ação desse contador. Uma das exigências desse "plano de salvação" era ter controle total sobre o financeiro. Nos doze meses seguintes, Dirceu conseguiu provar que o contador estava de fato desviando recursos. Seu trabalho trouxe mais um tio para seu lado e, juntos, começaram a virar o negócio.

O afastamento do contador iniciou um novo ciclo e, para Dirceu, uma nova vida. Em cerca de um ano, ele assumiu a Gerência Geral da Peccin e teve finalmente a oportunidade de implantar novas ideias, agora com apoio total da geração fundadora. Dirceu reativou planos que tinham sido imaginados e desenvolvidos desde o início da faculdade. Afinal de contas, ele havia passado todo esse período analisando a operação da empresa e aprendendo com outros exemplos. Ele sabia o que queria fazer, para onde queria ir e, principalmente, por que queria seguir aquele caminho.

"A empresa tinha cerca de quarenta funcionários e depois de ter enfrentado essa situação superdifícil, passamos a crescer juntos. A união da experiência deles e da minha vontade de vencer colocou a empresa numa nova rota, de crescimento", comenta Dirceu.

Ele combinou com o pai que ficaria na empresa por cinco anos e colocaria a Peccin nos trilhos, para então voltar a cuidar de sua vida e de seu recém-fundado escritório de engenharia. Nos anos seguintes, mais de uma vez, voltava a vontade de percorrer seu próprio caminho e abria uma nova rodada de conversas com os sócios, mas sempre acabava sendo convencido a ficar. Ao desistir de seu projeto pessoal e pensar em toda a família, Dirceu quis evitar que a Peccin fechasse. Seu principal receio era que os fundadores tivessem que recomeçar a vida aos 50 anos. Em vez disso, a partir dali, eles construíram uma história muito bonita de crescimento e evolução.

Anos depois, ele se tornaria sócio da empresa. Mas primeiro teve que provar sua competência e apresentar resultados para começar a levantar a empresa. Depois, precisou trabalhar fortemente o relacionamento humano para lidar com os três irmãos e os sócios fundadores, que por sua relação histórica não se entendiam em muita coisa. Em várias ocasiões, ele acabou sendo uma espécie de mediador entre eles, ao mesmo tempo em que tentava implantar novas formas de trabalhar e gerir o negócio.

A relação de confiança entre Dirceu e a primeira geração só se concretizou quando a mudança nos rumos da empresa ficou clara. No início, ele tinha apenas o pai e o tio Clemente como aliados, enquanto dois sócios estavam contra. As relações eram bastante tensas. Depois que os desvios financeiros foram identificados e solucionados, o tio Rovílio passou a apoiar o sobrinho, e o contador que também era sócio foi afastado. Essa foi uma época de transformação e aprendizado. Conversando muito, Dirceu criou vínculos profissionais com os tios e mostrou que suas ideias, muitas aprendidas na faculdade, davam certo no mundo real.

Como conta Dirceu, "eles construíram a experiência deles pelo empreendedorismo, e eu vinha com uma bagagem teórica maior. Conversando muito e colocando tudo em prática, fomos comprovando que as ideias funcionavam".

A confiança entre eles foi estabelecida e a Peccin começou a se modernizar. Em um ano, a empresa viveu uma transformação, começando pelo prazo de entrega dos pedidos, que caiu de um mês para apenas dois dias. O giro de caixa aumentou e o foco passou de sobrevivência para o crescimento. Com os sócios apoiando inovações, melhorias e ganhos de produtividade, a empresa dobrou o número de funcionários, passou a produzir em dois turnos e, três anos depois, em 1987, já operava em três turnos.

A partir daí, passou a sobrar dinheiro para renovar o parque industrial, buscar novas tecnologias e acelerar ainda mais o crescimento. Para Orélio, o pai de Dirceu, esse novo momento ajudou a pacificar uma relação familiar conturbada.

Com dez irmãos, Orélio tinha crescido em um lar tão pobre que simplesmente não tinha condições de sustentar todo mundo. Por isso, quatro irmãs e um irmão entraram em seminários teológicos e viraram freiras e padre. Orélio montou uma sapataria, saiu de casa e foi viver sua vida. Rovílio, o irmão mais velho, mudou para Erechim e montou uma pequena fábrica de balas, a Peccin, que levava o nome abrasileirado da família — a grafia original italiana é Pezzin, com dois "zês". Orélio, então, vendeu a sapataria, pegou o dinheiro, se juntou a Rovílio e investiu no negócio. O irmão Clemente se uniu a eles e, assim, começou a relação societária.

Mas era uma relação marcada por desconfiança. Analisando o passado, Dirceu acredita que faltava uma liderança consolidada e transparência no relacionamento entre os irmãos, e isso prejudicava o desenvolvimento do negócio. Assim que começou na empresa, com a missão de salvamento da companhia, Dirceu se recorda de ter assumido uma nova postura: "Quando entrei, quis fazer logo o contrário e mostrar que todos podiam se entender. Passei a ser a ponte para trazer mais transparência e eliminar as desconfianças".

Nesse caso, a desconfiança se iniciava no dinheiro — e foi por aí que Dirceu começou a resolver o problema. A Peccin passou a ter um forte controle financeiro e a prestação de contas mostrava que ninguém estava tirando dinheiro do caixa. Cada sócio passou a ter um salário e a pagar pelo uso do que era da empresa. Ficou estabelecido que ninguém tiraria nada da Peccin ou usaria em benefício pessoal. Essa separação entre pessoa física e pessoa jurídica foi importante para restabelecer a confiança, pois os sócios passaram a ver o que acontecia na empresa e começaram a se sentir em igualdade de condições.

O resultado foi tão bom que abriu espaço para mais mudanças. Depois de uns dois ou três anos, os irmãos praticamente deixaram a gestão e passaram a atuar como conselheiros, apoiando as ações de Dirceu, já o presidente da empresa. Dirceu, por sua vez, contratava novos gestores para desenvolver mais o negócio.

## Novos elementos para novos conflitos

Com tudo isso, no período entre 1984 e 1988, a Peccin saiu de um prejuízo imenso e uma situação de quase falência para se tornar lucrativa, com três vezes mais funcionários, novas máquinas, vendas para toda a região Sul e o início da comercialização para São Paulo. Uma revolução total.

Dirceu recorda do quanto tudo mudou: "Quando ela estava muito mal, ninguém queria saber. Era uma experiência muito ruim para todo mundo. Depois que a empresa se firmou e começou a crescer, a situação mudou".

Para ele, a recuperação da empresa nesse período fez com que a família voltasse a prestar atenção no negócio. Se antes ninguém pensava em fazer carreira na Peccin, com o sucesso, ela voltou a ser vista como uma oportunidade. Nessa época, Glauber, filho de Clemente, passou a atuar na área financeira da empresa como assistente enquanto cursava a faculdade. Já o Gilberto, irmão de Dirceu, entrou na área industrial e logística.

A chegada deles encontrou resistência, pois os tios não estavam 100% de acordo com isso. Por outro lado, a empresa crescia e era preciso ter mais gente tocando o negócio. O problema é que um dos filhos do tio Rovílio era mecânico e estava desempregado. Mesmo sem ter muita afinidade com o negócio, foi trabalhar na Peccin.

Os conflitos logo começaram a surgir, Glauber e Gilberto, mais estudados, começaram a assumir mais responsabilidades, aos poucos abrindo caminho para seu sucesso. Já os filhos de Rovílio, sem tanto estudo, não conseguiam progredir. Isso foi deixando ressentimentos.

Dirceu se recorda dessa época da seguinte maneira: "Todo mundo queria ganhar igual, especialmente os filhos do tio Rovílio, que tinham mais dificuldade em se desenvolver. Minha linha era de que cada um iria fazer o que conseguisse fazer e seria remunerado de acordo".

Os ciúmes e ressentimentos ficaram tão fortes, e os conflitos ficaram tão frequentes, que Orélio, Clemente e Dirceu decidiram pagar dois anos de salário para que os filhos de Rovílio saíssem da empresa e fossem trabalhar em outro lugar. Dessa maneira, eles poderiam provar, fora do negócio familiar, que tinham condição de trabalhar ali. Mas essas provas nunca vieram, e as portas foram fechadas de vez para eles na Peccin.

Nesse momento, os três sócios da primeira geração tinham um pró-labore definido, retiradas de dividendos, e havia uma governança financeira estabelecida, que trazia mais segurança para o futuro. Embora fosse da segunda geração, Dirceu não era visto dessa forma, e sim como alguém em pé de igualdade com os sócios. E, em todo esse tempo, Dirceu fez várias vezes o papel de líder para manter as regras de convivência profissional. A ideia era simples: só ficava na empresa quem tinha as competências necessárias.

Como os fracassos acabavam sendo vistos por toda a família, sair da empresa deixava um sabor ainda mais amargo. Como lembra Dirceu: "Acabei sendo visto como responsável pelos primos que saíram. Um antagonismo que ficou difícil que contornar. Um fardo bastante pesado que precisei carregar".

## Mudanças em meio às dificuldades

Mesmo em meio a esse turbilhão de conflitos familiares, a Peccin ia se preparando para os novos tempos. Nos anos 1990, estava claro que uma governança corporativa e societária mais sólida seria muito importante para reduzir desavenças e para aumentar a chance de perenidade do negócio. A reorganização societária ganhou fôlego alguns anos depois, quando Rovílio, vendo os irmãos irredutíveis sobre a volta dos seus filhos para a gestão, decidiu sair da sociedade e vendeu sua participação para eles.

Dirceu, por sua vez, começou a fazer cursos de governança, para entender como o negócio poderia evoluir.

Novos problemas surgiriam na década seguinte. Na base deles estava um equilíbrio delicado das relações com Gilberto e Glauber. Como Dirceu recorda: "Meu pai e meu tio eram dois balizadores do apoio da gestão, mas havia a insistência para que estivessem em pé de igualdade. Um virou gerente, o outro também. Um se tornou diretor, o outro também". Ao deixar em segundo plano o mérito individual, esse era um caminho certo para problemas.

Novamente, esse era um assunto com raízes antigas. Dez anos antes, lá no início dos anos 1990, Dirceu havia decidido sair da empresa, que já tinha revertido o ciclo de declínio, para voltar a empreender no ramo de Engenharia. Os tios fizeram uma proposta irrecusável: venderam uma participação na Peccin para Dirceu e incluíram uma participação nos lucros como parte de seus ganhos anuais.

Isso resolveu um problema imediato, mas a falta de comunicação em toda a família geraria consequências. Dirceu conta: "Eles quiseram me reter como executivo, não como familiar. Sem eu saber, minha participação societária criou um desconforto com meus irmãos e primos". A situação só piorou quando Rovílio saiu da sociedade e a participação acionária de Dirceu aumentou ainda mais.

Enquanto a empresa vinha crescendo, os ressentimentos ficavam em banho-maria. Mas na metade dos anos 2000, quando a Peccin passou por outro período difícil, os problemas ressurgiram. Foi uma época complicada que gerou uma grande crise familiar. Dirceu jogou a toalha e chegou a propor que todo mundo saísse da gestão — inclusive ele. Dessa forma, ficariam no negócio apenas gestores vindos do mercado. Era uma saída radical para um momento que precisava de soluções drásticas.

Orélio propôs um período de transição, em que somente Dirceu permaneceria, enquanto executivos não familiares seriam contratados para as demais funções dos familiares. Ao fim disso tudo, o próprio Dirceu deixaria a presidência. Depois de quase seis meses nesse processo, porém, chegou-se à conclusão de que seria melhor Dirceu continuar na gestão.

## É preciso ajustar as regras

Olhando para esse período, Dirceu acredita que a ausência de regras claras criou uma situação que foi fermentando lentamente na família. Em algum momento, a segunda geração se deu conta de que Dirceu tinha uma força diferente no negócio, como se fosse da primeira geração. Mas as reclamações só apareceram muito depois. Em 2010, quando aconteceu essa transição de quase toda a família para fora da empresa, ninguém reclamou.

Conta Dirceu: "As reclamações só apareceram seis, sete anos depois, quando a empresa estava muito maior. Naquele momento inicial, o alívio de virar a página era tão grande que ninguém quis ficar discutindo".

Com a pacificação das relações familiares, pelo menos temporariamente, a Peccin voltou a encontrar o caminho do crescimento e do lucro. Mas, aos poucos, começaram discussões pouco produtivas sobre a diferença de participação societária entre os membros da segunda geração. Afinal, Dirceu era sócio da empresa, enquanto seus irmãos e primos não eram.

Essas questões estouraram em 2017 e precisaram de muita conversa para serem resolvidas. A primeira edição do Encontro Familiar, em 2018, foi um marco nesse processo de alinhamento, porque aproximou toda a família, facilitou a comunicação entre as pessoas e criou a oportunidade de um diálogo estruturado e produtivo. Foi o início de um processo de reforçar os laços e os valores que levam ao crescimento.

Só nesse momento é que ficou claro para toda a segunda geração o que tinha acontecido na história da família e todos os conflitos dessas décadas todas. Como os pais não tinham contado toda a história para os filhos, havia margem para todo tipo de ressentimento. Isso só foi resolvido com muita conversa.

Paralelamente a isso, o próprio envelhecimento da primeira geração, já na casa dos 80 e poucos anos, levou a uma reestruturação da sociedade, colocando os membros da segunda geração no papel de acionistas. A governança foi reforçada com regras claras de não envolvimento da segunda geração na gestão do negócio. A exceção foi Dirceu, que continua como presidente da Peccin.

Aprendendo com os erros, a família definiu critérios nítidos para a participação da terceira geração no negócio. Agora, um familiar pode ter uma experiência de no máximo seis meses na empresa, como estagiário, enquanto está na faculdade. Depois disso, pode trabalhar como *trainee* por até dois anos. O passo seguinte é seguir carreira fora da empresa, mas com a possibilidade de se candidatar a vagas que estejam abertas na Peccin. Sempre competindo em pé de igualdade com profissionais de mercado. E qual foi o resultado dessas medidas? Até agora, nenhum membro da terceira geração se candidatou para trabalhar na empresa.

## A preparação dos mais novos

A terceira geração está sendo preparada para assumir um papel relevante na sociedade, com uma boa formação em termos de governança. Considerando o histórico de conflitos nas duas primeiras gerações, é uma decisão saudável.

Dirceu explica esse novo momento: "Montamos um modelo que direcionou a terceira geração a se preparar para o mercado. Ao mesmo tempo, eles estão recebendo uma boa formação em termos de governança. O Conselho Familiar, que foi criado lá atrás, em 2011, passou a ser uma ferramenta muito importante nessa preparação da terceira geração e para criar um caminho mais suave para o futuro".

O Conselho Familiar é uma ferramenta importante na capacitação da terceira geração. A ideia é que os mais novos possam se preparar para serem acionistas. Para a família, esse é o grande desafio para a próxima década. Com dois membros da segunda geração e dois da terceira, além dos Comitês, o Conselho Familiar mescla ideias e contribuições e dá voz aos mais novos. Um processo colaborativo que, na visão de Dirceu, não tem dia nem hora para terminar.

Além do Conselho Familiar, em 2011, teve início o Conselho de Sócios. Esse foi um processo importante para a governança, para o diálogo e para os relacionamentos entre os membros da família. O Conselho de Sócios se estruturou rapidamente, a partir dos cinco representantes da segunda geração, e se mantém dessa forma. Já o Conselho Familiar vem mudando ao longo do tempo: primeiro teve três membros, depois cinco e, atualmente, quatro. Desde 2015, passou a contar com representantes da terceira geração e tem Comitês para tratar de temas específicos, como formação de sócios, comunicação e informação.

E o que se pretende com o Conselho de Sócios? "Estamos mesclando as ideias e contribuições para atender a todos. É um processo de aprendizado, que está baseado em colaboração, para consolidar o que começou há dez anos e que não tem data para terminar."

Por ter ocupado um lugar na sociedade junto com os fundadores, Dirceu hoje tem presença marcante em três instâncias de decisão: no Conselho de Sócios, no Conselho de Administração e como presidente da Peccin. Uma mistura de papéis que é comum em membros da primeira geração e que demonstra a importância de Dirceu para a família empresária. No futuro, será preciso vencer o desafio da tripla sucessão dele em seus variados papéis.

A sucessão na gestão pode caminhar de acordo com parâmetros de mercado — e a Peccin conta com um Conselho de Administração estruturado que poderá dar o suporte necessário para essa transição. A mudança nesse conselho pode seguir o mesmo padrão, mas com muito cuidado, em função dos anos de conhecimento, do acúmulo dos valores da família e da vivência das particularidades do negócio e do mercado.

Já a sucessão societária está sendo preparada pelo Conselho de Família, com o programa de formação de sócios voltado aos membros da terceira geração. Em todas essas esferas, a preocupação está em promover o maior intercâmbio e convivência possíveis entre os atuais acionistas e a nova geração.

Como Dirceu vê o atual momento? "Estamos mais próximos e com uma comunicação que funciona melhor. Todos da segunda e terceira geração estão envolvidos e podem trabalhar nesse processo de governança. Esse é o grande desafio para os próximos dez anos, com uma integração cada vez maior da família e cada um tendo um papel claro no crescimento."

Há 35 anos como CEO, Dirceu sabe que sua sucessão virá em breve, embora ainda sem data certa. Ele não quer envelhecer na gestão, como aconteceu com os fundadores. De acordo com ele, é importante abrir espaço para novas ideias e, ao mesmo tempo, continuar contribuindo no Conselho de Administração, cobrando experiência e resultados da liderança. Na visão de Dirceu, o caminho nos próximos anos vai seguir essa trilha.

Assim como acontece com a empresa, a governança hoje gira em torno de Dirceu. Como primeiro membro da família a estudar o assunto, foi ele que estimulou a criação de regras, conselhos e fóruns de discussão dos projetos. Com isso, ele vem procurando desenvolver toda a família e criar condições para a perenidade do negócio e da sociedade.

Como único representante da segunda geração e sócio junto com os fundadores, Dirceu cresceu dentro do negócio familiar. Chegou à Peccin quando a empresa tinha trinta funcionários e hoje o negócio exporta doces e guloseimas para o mundo inteiro. Para ele, as questões familiares estão bem encaminhadas, a sociedade agora está mais solidificada e o negócio vive um período de franco crescimento. As vendas avançam dois dígitos por ano, com rentabilidade crescente, e existe uma cultura de metas e cobrança de resultados.

Ao mesmo tempo, a família vê outras possibilidades de investimento e atuação, o que contribui para pacificar a gestão do negócio principal. Nos próximos anos, a família quer criar um *Family Office* para dar mais suporte aos ramos familiares e seus *holdings*.

O Conselho Familiar é outro instrumento importante para evitar que os erros do passado se repitam. Hoje, todos os representantes da segunda e terceira gerações estão envolvidos no Conselho Familiar e podem trabalhar nesse processo de governança. Para os próximos dez anos, o foco está em fazer uma integração gradualmente maior da família, cada pessoa com um papel claro no crescimento de todo o grupo.

Felipe Zica

CAPÍTULO 5

# Felipe Zica

Em famílias empresárias, é natural que negócios e relacionamentos caminhem juntos. Ou, quando acontece algum problema, que ambos os caminhos se separem. Isso gera marcas que podem permanecer na vida das pessoas por muito tempo, ou até mesmo servir como um exemplo para a vida inteira. No caso de Felipe Simões Zica, membro da segunda geração da família empresária proprietária da Minasligas, essa é uma cicatriz ainda muito presente.

A história da família empresária Zica Fialho é marcada por superação e pela união para ultrapassar os obstáculos. Sua avó teve 15 filhos antes de falecer, aos 34 anos, e seu avô precisou se desdobrar para cuidar da família e educar todos de acordo com seus princípios. Isso criou um vínculo muito forte entre os irmãos, que foi transferido para a geração seguinte. Assim, Felipe cresceu rodeado de primos, em uma convivência constante.

Em 1965, o pai de Felipe, José Rodrigo Zica, reuniu as economias de uma vida, e adquiriu, em sociedade com seu irmão Petrônio, a Delp, uma tornearia mecânica. O negócio fabricava parafusos, porcas e outras peças. Trabalharam muito, reinvestiram, e com o crescimento dos negócios, o irmão Tadeu, mais novo, também se juntou à empresa. Em 1971, já com sede própria em Contagem, na região metropolitana de Belo Horizonte, o irmão mais velho, José Carlos, também aderiu ao negócio. Cinco anos de crescimento depois, eles aproveitaram uma oportunidade para a fabricação de ferroligas e criaram a Minasligas. Nessa época, quem entrou na sociedade foi o cunhado Paulo Cezar Fialho, o único com experiência nesse setor. Foram negócios construídos com um propósito bem claro: gerar prosperidade para a família.

Era um ambiente em que todos agiam buscando resultado, para o coletivo. E os filhos cresceram convivendo dessa forma, em uma relação muito positiva. Durante mais de vinte anos, a receita funcionou bem. Em 1998, porém, surgiram divergências entre os irmãos que levaram a uma cisão. Permaneceram unidos José Rodrigo, Tadeu e Paulo Cezar.

Esse momento deixou marcas no relacionamento familiar, afastando primos queridos. O contato com os primos só seria retomado em 2015 e hoje é uma questão resolvida, mas esse período deixou lições importantes. Para Felipe, ficou claro que a família é mais importante que tudo. Essa forma de pensar tem, até hoje, uma influência muito grande na preocupação que ele tem com o bem-estar de toda a família empresária.

## Família grande que cresce unida

Felipe é o mais novo dos cinco filhos de Sandra e José Rodrigo Zica. Com catorze tios e tias e dezenas de primos, ele cresceu participando de grandes reuniões familiares. A convivência com os irmãos era marcada por cumplicidade, confusões e negociações permanentes por espaço e por individualidade. Com todo esse preparo, não espanta que Felipe tenha vocação para a área comercial. Afinal de contas, como o mais novo da família, ele sempre precisou negociar bastante.

O negócio da família também era algo presente na família, já que o pai não separava o lado profissional do pessoal. Como lembra Felipe: "Ele falava dos negócios, contava histórias, levava a gente para lugares que tinham a ver com a empresa e acabava permitindo que a gente, de alguma forma, participasse do que acontecia".

Uma lembrança forte de Felipe é viajar para passar feriados em uma fazenda da família em Pirapora (MG). O problema é que o caminho até lá sempre era alongado e fazia com que a viagem fosse demorada. No trajeto para lá, seu pai dizia que ia dar uma passadinha na fábrica, o que muitas vezes demorava um dia inteiro. Em vez de lamentar, a criançada se divertia, jogando bola no estacionamento, brincando com o que encontrasse nas proximidades e até dando umas voltas na fábrica.

Se o pai era intensidade, rigidez e foco no negócio, a mãe fazia o contraponto. Leve e descontraída, conseguia, ao mesmo tempo, equilibrar os valores do trabalho duro e do sucesso, com uma grande força emocional. Ela sempre foi vista como uma pessoa de bom senso, equilibrada e ponderada, com aquela sabedoria que vem pelo viver. Para Felipe, até hoje ela é uma bússola para toda a família.

Como Felipe cresceu em contato direto com o negócio, a relação com a Minasligas se solidificou naturalmente. Seu pai, sempre muito transparente e apaixonado pelo que fazia, transmitia essa força para os filhos. A empresa era parte da vida da família, e isso moldaria os caminhos do garoto.

Depois de concluir os estudos no segundo grau, era hora de partir para a faculdade. Ele já sabia que, apesar de gostar de animais, não queria ser veterinário. Isso porque, em um intercâmbio de seis meses nos Estados Unidos, ele teve a oportunidade de visitar um centro veterinário. A experiência não foi muito agradável, percebeu que não teria disposição para fazer uma cirurgia ou até tratar dos animais. Depois de buscar orientação vocacional, viu que seu caminho tinha uma conexão com a gestão de negócios. Foi cursar Economia na PUC de Belo Horizonte. E detestou.

Seis meses depois, sem falar para os pais sobre o assunto, ele refez o vestibular, agora para Administração de Empresas. Sucesso desde o início: gostou do curso, da turma e da faculdade, e nunca se arrependeu de ter investido um semestre a mais para encontrar seu caminho. Não que isso pudesse ser um problema para ele, sempre um aluno que não dava trabalho para seus pais. Não era brilhante, mas não arrumava confusão. Somente na faculdade, quando começou a enxergar uma carreira de que poderia gostar, é que passou a ser um aluno cada vez mais aplicado.

## É hora de vestir a camisa

Logo depois de formado, Felipe começou a estagiar na empresa da família. O tempo todo, o pai e os tios o incentivavam a fazer cursos e treinamentos, a melhorar sempre. Desde cedo, estava claro que, para se estabelecer, Felipe não poderia se apoiar no sobrenome.

Embora ele tivesse se interessado pela área comercial desde a adolescência e ele acabasse se tornando diretor dessa área, Felipe começou sua trajetória por outro caminho. Na faculdade, percebeu que tinha facilidade com gestão e começou por ali. Mas, assim que teve uma chance, migrou para a área comercial. Para ele, a transparência dos pais ao fazer do negócio uma presença constante na vida pessoal o ajudou a tomar uma decisão mais madura. O próprio Felipe comenta: "Desde sempre, meu pai falava o que acontecia na fábrica, e isso ajudou a estabelecer uma identificação com o negócio. Não era algo distante, e sim o negócio da família. Sempre achei natural que eu iria trabalhar na empresa, nunca foi algo que me gerou dúvidas".

Quatro anos depois de formado, ele continuaria os estudos com uma pós-graduação no IBMEC de Belo Horizonte (MG). Seu irmão, também executivo do negócio da família, tinha feito o curso, gostou, recomendou, e ele foi atrás. Sua especialização foi em Finanças, como um complemento à formação em Administração, e isso foi importante também pensando no Felipe, como futuro acionista da empresa. E essa vontade de seguir nos estudos vinha de berço. Como ele lembra: "A formação acadêmica sempre foi muito valorizada na família, desde meu avô, que era médico. Mesmo com as dificuldades de criar quinze filhos, ele plantou essa semente para que os filhos e netos seguissem".

Outra característica importante que a empresa despertou em Felipe desde a infância foi o desejo de conhecer o mundo. Nas idas à fábrica nos sábados de manhã com o pai, ele passeava no escritório, ficava rabiscando alguma coisa e, em um daqueles dias, viu uma pilha enorme de papel, com um relatório em formulário contínuo que controlava para onde os materiais eram enviados. Nas palavras do Felipe: "Quando vi os destinos, como Rotterdam, Yokohama e outros lugares bem distantes, aquilo me deu um clique. Foi a primeira ligação real com o negócio que eu tive, ainda criança".

A globalização do negócio da Minasligas é, até hoje, uma coisa que fascina Felipe. E isso permitiu que ele conhecesse o mundo todo. Para ele, um grande bônus do seu trabalho é ter tido a oportunidade de visitar dezenas de países, representando a empresa, e de ter feito amigos no mundo todo.

Olhando para os últimos vinte anos, Felipe não acha que foi um problema ele ter construído toda a carreira na Minasligas. Com certeza, ele teria outras experiências se tivesse ido primeiro para o mercado, mas isso não impediu que ele se desenvolvesse. E, no seu crescimento, uma presença muito importante foi a de seu tio Paulo Cezar Fialho, um dos fundadores da empresa, e o líder da área comercial, quando Felipe começou a trabalhar no negócio.

Felipe e Paulo trabalharam juntos por quase vinte anos. Felipe conta mais sobre essa relação: "Ele foi meu tutor profissional e sempre tivemos um relacionamento muito bom. Com ele, pude vivenciar a prática do negócio, viajamos juntos, fechamos negociações juntos. Ele sempre teve uma postura muito generosa, me ensinando tudo o que podia, desde técnicas de negociação até os detalhes da distribuição de produtos".

Essa postura generosa do tio parecia não acontecer em função do parentesco. Enquanto em sua casa Felipe acabava sabendo de tudo o que acontecia na empresa, porque o pai não escondia nada, com o tempo, ele percebeu que os tios mantinham todos os temas de trabalho bem separados de suas famílias. Não é à toa que hoje Felipe e seu irmão mais velho, Henrique, sejam os únicos membros da segunda geração que permanecem no negócio. Todos os outros primos construíram suas carreiras fora da Minasligas e acabaram se envolvendo na integração e preparação para seu papel como acionistas.

Focado em fazer bem seu trabalho, Felipe teve seu valor reconhecido e foi conquistando seu espaço aos poucos. Em um período de dez anos, ele começou como estagiário na área comercial, passou para a área de Logística e foi evoluindo até coordenar as operações de exportação. Depois, voltou para a área de vendas e avançou até gerenciar toda a internacionalização da empresa. Um passo por vez, sempre com o tio Paulo como seu mentor. Como conta Felipe: "Ele foi percebendo que eu poderia fazer mais e foi me acolhendo, de uma forma muito generosa. Tudo o que ele fazia, me colocava junto, e eu fui absorvendo tudo o que podia. Para mim, ele é um exemplo de liderança".

O curioso é que Paulo orientou os filhos a terem seus próprios negócios, enquanto José Rodrigo, o pai de Felipe, sempre quis ver os filhos na empresa e deu oportunidade para quem estivesse disposto. Por isso, quando Felipe quis estagiar na empresa, foi recebido de braços abertos. O irmão Henrique também foi para a empresa, cursando Engenharia na faculdade e, depois de alguns anos, assumindo uma posição na Minasligas. A partir daí, foi ganhando responsabilidades até se tornar o presidente da empresa.

O outro irmão, Beto, atuou por mais de uma década na empresa, mas, quando trabalhou em seu projeto de vida, concluiu que queria ser somente sócio, sem função executiva no negócio. Foi uma saída sem conflitos: ele percebeu que queria outra coisa e a família respeitou. Hoje, Beto faz parte do Conselho de Administração do grupo.

## Um grande choque

O espírito da união familiar sempre esteve presente na vida da família empresária Zica Fialho, desde o avô. Essa característica seria colocada à prova em março de 2008, quando José Rodrigo, o pai de Felipe, faleceu inesperadamente. Foi um baque e um momento difícil não só pessoalmente, mas também para toda a família e para o negócio. José Rodrigo era uma liderança e uma referência para a família inteira.

A vivência da cisão, ocorrida há muitos anos, serviu como uma lição nesse momento delicado: com o falecimento, foi preciso discutir a partilha dos bens. Como lembra Felipe: "A primeira coisa que eu disse assim que entrei na reunião é que eu não queria brigar com meus irmãos de jeito nenhum. Nossa união era muito mais importante do que qualquer coisa".

Ainda em luto, era preciso seguir em frente. Naquele momento, a presença firme do tio Tadeu, um dos fundadores da empresa, foi marcante. Com inteligência e sabedoria, ele foi uma espécie de anjo da guarda da família, ajudando a todos a superar aquele momento. Nesse ponto, as questões de estrutura e governança começaram a falar alto. Até ali, a segunda geração não tinha parado para pensar em sucessão. Só com esse choque é que esse aspecto passou a ser visto como fundamental para garantir a perenidade da sociedade e da empresa.

Refletindo sobre esse momento, Felipe se lembra de como tudo mudou rápido: "Eu e meus irmãos estávamos numa situação confortável, como uma nova geração que tinha bastante tempo para aprender. De repente, tivemos que assumir a liderança do nosso núcleo familiar. Graças a Deus, eu, meus irmãos e toda a família conseguimos nos adaptar ao novo momento e solidificar nosso relacionamento. Acho que a essência do que somos vem desse momento, que foi bastante difícil".

Com isso, a Minasligas deixou de ser uma sociedade de três pessoas para ser uma união de oito partes: os dois tios fundadores, Paulo e Tadeu, Sandra — a mãe de Felipe — e seus cinco filhos. Ficou claro, então, que seria preciso implementar práticas de governança, estudar o assunto e planejar uma sucessão na família, na empresa e na sociedade, para que ninguém fosse pego desprevenido novamente.

Para Felipe, a união criada nesse momento de crise reforçou não somente o DNA com base nos mesmos valores familiares, como também reforçou o reflexo dos mesmos na empresa: ética, determinação, dedicação, organização, cuidado e atenção aos detalhes. Valores passados do avô para os pais, fundadores do negócio, e deles para a nova geração, e continuando esse ciclo para os funcionários da empresa.

Esse foi um período importante para repactuar as relações empresariais. A composição que havia levado a Minasligas até ali tinha tido muito sucesso, onde cada sócio tinha um papel, e eles eram complementares. Na falta de um deles, o patrimônio se transferiu, mas as relações e atribuições precisaram de uma nova configuração. Isso fez toda a família pensar na sucessão de uma maneira mais ampla, discutir os desalinhamentos de uma forma madura e buscar sempre o consenso.

Esse foi um processo de amadurecimento para os filhos de José Rodrigo, agora sócios dos tios. Todos os núcleos se envolveram, com dedicação, em um longo trabalho de construção do protocolo sócio-familiar, porque perceberam a sua importância. Ao debater as diretrizes que desejavam para o relacionamento entre família e empresa, envolvendo as duas gerações adultas, cada representante da família precisou passar a se posicionar como sócio, e isso trouxe mais maturidade para a família.

Para Felipe, as responsabilidades como sócios trouxeram mudanças para as relações tanto na família como na empresa. Em seu papel como diretor, ele pondera: "A relação acaba mudando, pois sempre existe aquela duplicidade de papéis. Por isso precisamos criar as fronteiras. O Henrique, por exemplo, é meu irmão, mas também o presidente da empresa. Mesmo com todo o sentimento fraternal, é diferente a relação do diretor e do presidente, tudo fica um pouco mais racional. Você pensa duas vezes se vai fazer uma piada com o irmão, por exemplo".

## A formação da governança

Quando a preocupação com a governança surgiu, já havia membros da segunda geração na empresa: Felipe, seus irmãos Beto e Henrique, e sua prima Alessandra. Todos os demais passaram a ser preparados como acionistas. O pontapé inicial foi elaborar o protocolo sócio-familiar, envolvendo cada um dos núcleos dos fundadores. Foram cerca de dois anos discutindo as diretrizes, com a participação de todos os representantes das duas gerações. Aos poucos, com o *input* de todos os participantes, foi ficando definida como essa relação iria funcionar.

Ficou decidido que a estrutura de governança contaria com o Conselho Familiar-Societário (C.F.S.), o Conselho de Administração (C.A.) e a diretoria. Foram criadas regras de funcionamento para cada órgão dessa estrutura, buscando perpetuar o negócio e os valores da família. O C.F.S. se reúne para tratar de assuntos familiares, do patrimônio e da empresa, nesse último enfoque, sempre sob o ponto de vista dos acionistas. Já o C.A. conta com conselheiros independentes e discute os planos estratégicos da companhia, estimulando cada conselheiro a pensar no todo, não apenas em sua parcela do patrimônio ou no papel de seu núcleo na gestão.

Essa estrutura toda tem impactos positivos, estabelecendo responsabilidades específicas e claras fronteiras na gestão e na relação entre as pessoas. Também traz mais conforto para conduzir o negócio de forma estratégica, atendendo ao mesmo tempo aos interesses pessoais e da família como um todo. Isso deixa a empresa mais preparada para enfrentar as turbulências e desafios. Quando se cria um ambiente de confiança e tranquilidade, em que não é preciso administrar conflitos, as pessoas crescem mais rápido.

Hoje, são quatro diretores na Minasligas, subordinados ao Presidente Executivo Henrique, e todos trabalham muito alinhados e de forma complementar. O perfil comercial de Felipe e o viés engenheiro de Henrique ajudam a manter um equilíbrio que se estende para as esferas societária e familiar. Diz Felipe: "Viemos construindo nos últimos anos um ambiente de muita transparência, prestando contas para todos. Isso faz com que, mesmo atuando no Conselho Familiar Societário, eu consiga entender para quem prestar contas e que papel tenho naquele momento".

Agora como presidente do Conselho Familiar Societário e um dos principais patrocinadores da governança familiar no grupo, Felipe acredita que esse é um processo mais simples para as gerações mais novas, que já nascem nesse ambiente. O mais difícil é ter a visão que a geração anterior teve e perceber rapidamente a importância de uma governança sólida. Para Felipe, os jovens são a peça-chave para que tudo isso dê certo e o legado seja preservado.

## Futuro e legado

Felipe sempre foi muito participativo nas instâncias de governança familiar. Para ele, esse é um assunto importante e vital para as famílias empresárias. Com o crescimento das famílias, aumenta a importância de formalizar e preservar a cultura, os ensinamentos dos fundadores e o propósito do negócio.

O desenvolvimento do Conselho Familiar Societário (C.F.S.) teve seus obstáculos. No início, os membros da primeira geração aceitaram bem a ideia de um órgão familiar que discutisse as questões ligadas à sociedade, mas na prática o C.F.S. gerou incômodos. Como explica Felipe: "Para os fundadores, pensar em protocolos, sucessão societária e formalização de documentos tocou em uma questão delicada: todos nós vamos embora um dia, mas a empresa precisa continuar. Emocionalmente, nem sempre é simples lidar com isso. Mesmo diante desses desafios pessoais, eles foram a favor do projeto. Isso foi fundamental".

Ainda que as ações do Conselho Familiar Societário tenham começado tranquilamente, com um diagnóstico do momento em que a família empresária se encontrava, escalar os degraus da governança para tratar do projeto de vida de todos os membros da família, protocolos e documentos societários não foi simples. Felipe assumiu com gosto a tarefa de fazer o Conselho avançar. Para ele, organizar a governança societária e familiar era fundamental para o futuro da família e do negócio. Felipe comenta: "No fundo, todos têm o mesmo objetivo, que é perenizar a empresa. Até quem não tem vocação para a gestão quer uma empresa sólida, e existe o desejo de continuar como sociedade familiar, mas esse legado tem que ser muito maior que os criadores. Quando todos estão alinhados nesse sentido, as objeções vão sendo contornadas com muita conversa".

O alinhamento de expectativas, desejos, vontades e metas não terminam nunca. As pessoas mudam, a empresa vai se transformando, e orquestrar o diálogo entre familiares e sócios exige atenção constante. A construção do protocolo societário teve idas e vindas dentro de cada núcleo familiar, que avaliava cada regra proposta e validava sua opinião. Impasses surgiram com frequência e foram resolvidos com muita conversa. Tudo isso foi um grande aprendizado para a família, que cresceu muito. A sociedade amadureceu e chegou-se a um novo nível no relacionamento entre as famílias. Todos passaram a colocar suas opiniões e foram avançando até alcançarem um consenso.

No dia a dia, manter a unidade familiar acaba se tornando tarefa de todos. Os temas discutidos nos eventos familiares e no C.F.S. se transformam em um cuidado cotidiano com a preservação da história. Aos 44 anos de idade, casado e com dois filhos pequenos, Felipe vê o futuro com otimismo e percebe este momento de uma forma especial. "Na inauguração do novo escritório da Minasligas, fizemos um vídeo em que já começamos a trazer todo mundo da terceira geração para o contexto do negócio. Nesse vídeo, pedi para que cada pessoa fizesse perguntas para as três gerações da família, e foi uma ótima experiência."

Ficou claro que os fundadores e seus filhos e sobrinhos estavam muito alinhados sobre os valores familiares e sobre o legado. Já os mais novos, de recém-nascidos aos 25 anos, há a percepção de que também carregam os valores, mas com menos intensidade. Para Felipe, está claro que será preciso trabalhar para conectar mais a terceira geração e trazê-la para o contexto da segunda geração, a fim de que os mais novos entendam, conheçam e valorizem a história da família e do negócio.

Para Felipe, uma dificuldade do projeto de futuro da família é a progressão geométrica das novas gerações. Se a primeira geração era formada pelos três sócios que conviviam diariamente, a segunda teve uma relação diferente com o negócio, já que vários membros não atuaram como executivos. Na terceira geração, essa pulverização aumenta ainda mais. Os filhos dos fundadores se casam, têm seus filhos, a família como um todo aumenta, os valores vão se somando à cultura dos cônjuges, e tanto o controle acionário quanto os relacionamentos vão se diluindo. Sem um Conselho Familiar Societário que estimule uma visão integrada, a família empresária corre o risco de acabar se fragmentando. Essa é a importância do C.F.S. para a perenidade.

Felipe conta que sentiu esse distanciamento na pele, com seus próprios filhos. "Eu cresci vivenciando a empresa, era parte da nossa vida. Para o aniversário de 40 anos da Minasligas, fizemos um vídeo e pedi para a terceira geração falar um pouco sobre a empresa. Talvez esse tenha sido o primeiro momento de conexão real dos meus filhos com a história da empresa. Foi quando percebi que meu pai falava muito mais da empresa para nós do que eu falo para meus filhos."

Esse acabou sendo um momento reflexivo, com um efeito muito positivo: seu filho mais velho, Antônio, então com 4 anos, se interessou muito pelas histórias da família e passou a fazer conexões da empresa com as coisas da vida dele, como perceber que os materiais produzidos pela Minasligas estão em talheres, telefones e computadores. Reforçar essa percepção e a relevância do negócio no dia a dia, aumenta o orgulho e o respeito da família pela Minasligas e pela sua história. E é por isso que Felipe segue em frente, vestindo a camisa da continuidade, com o intuito de contribuir para a construção de uma família empresária que sobreviva ao tempo e que seja maior que a soma das pessoas que a criaram.

Leonardo Schneider

CAPÍTULO 6

# Leonardo Schneider

A história de Leonardo Schneider, membro da terceira geração da família empresária Schneider e Diretor Superintendente da Apsa, empresa de gestão imobiliária com sede no Rio de Janeiro, reflete a história de três gerações. São desafios e conquistas construídos à base de muita conversa e de um longo processo de entender o objetivo comum e o papel de cada um.

Essa é uma história que envolve um avô extremamente empreendedor, um filho com a veia de administrador e grande estruturador e um neto que conseguiu, a muito custo, alcançar o equilíbrio absorvendo o melhor deles. Também é a história de uma família empresária que conseguiu criar e preservar as fronteiras saudáveis entre família, patrimônio e empresa. Agora, com arestas aparadas e um grande alinhamento entre as várias gerações, a família Schneider prepara as bases para que a quarta geração cresça de forma saudável e aproveite as oportunidades.

## Origens e lembranças

Leonardo Schneider é o mais velho de quatro irmãos, sendo duas gêmeas e um irmão mais novo. Nasceu e vive até hoje no bairro da Urca, no Rio de Janeiro. É uma região que ainda tem um clima de cidade do interior. Os dois prédios em que morou no bairro foram construídos pela própria empresa da família, e ele considera o bairro como um recanto na Cidade Maravilhosa. Um lugar de onde ele não quer sair.

Em suas primeiras lembranças está o avô Carlos Henrique, um daqueles homens que desafiam definições. Era chamado pelos netos de "vovô das vacas", por ter uma fazenda com animais em Magé, no interior do Rio. Leo se lembra de Carlos Henrique como uma pessoa sociável e carismática. Apesar de só ter convivido com ele até os 12 anos, a veia empreendedora do avô ficou registrada. Leo conta que "Ele tinha uma vontade muito grande de vencer, de se realizar profissionalmente na vida. Veio da Alemanha para o Brasil sem nenhuma perspectiva ou foco e, por isso, tentava empreender de todas as formas, sempre buscando alguma coisa que gerasse solidez e segurança. A perseverança dele teve um forte impacto na nossa família".

Ao longo de sua trajetória, Carlos Henrique foi caixeiro-viajante, revendendo em Minas Gerais produtos comprados no Rio de Janeiro. Também teve um caminhão em que vendia sorvete e aproveitava o gelo para transportar peixe para o interior do país. Chegou a ter farmácia, metalúrgica e diversos outros negócios, sempre tentando encontrar um porto seguro.

Em 1931, ele se juntou a um grupo de alemães que havia criado a Auxiliadora Predial Apsa em Porto Alegre, mas manteve sua veia empreendedora: desde então, a Apsa teve mais de quinze negócios diferentes, de comércio à indústria.

O período da Segunda Guerra Mundial foi um dos mais críticos. Alemão, Carlos Henrique foi alvo de perseguições e teve o escritório da empresa invadido. Várias companhias foram fechadas e a Apsa teve móveis incendiados. Carlos Henrique ficou escondido em Santa Teresa, um bairro do Rio de Janeiro, pintou o cabelo loiro de preto e usava um bigode postiço para se disfarçar. Para garantir a sobrevivência, ele e a esposa montaram um galinheiro para vender ovos aos vizinhos.

Durante a guerra, a matriz em Porto Alegre decidiu fechar definitivamente sua unidade no Rio de Janeiro. Para evitar o fechamento, Carlos Henrique se debruçou sobre um plano de negócios que trouxesse novos horizontes. Mesmo com um pavor enorme de avião, ele foi a Porto Alegre apresentar o plano, que foi aprovado. Para Leo, esse é um bom exemplo da atitude do avô, de nunca desistir e tentar até esgotar todas as possibilidades.

Ao mesmo tempo em que era muito determinado, o avô era intuitivo em aspectos empresariais. Como no caso da contratação de colaboradores, que era para lá de informal. A seleção acontecia às vezes em bares, nos finais de tarde, acompanhada de chope. O diálogo acontecia mais ou menos assim: "Eu sou técnico em contabilidade"; e o avô dizia: "Vamos trabalhar comigo". E contratava para trabalhar no negócio.

Em relação a Carlo, seu pai, as memórias do Leo estão em outro contexto. A grande dedicação à empresa distanciou o pai do convívio com os filhos. Com o tempo, Leo foi entendendo que o pai também tratava de aparar arestas deixadas pelo avô em sua movimentada vida amorosa. Depois da avó do Leo, Carlos Henrique se casou oficialmente três vezes, fora as mulheres que teve. Já o pai tinha o perfil oposto: rígido, sério e casado com a mesma mulher, Sandra, por mais de cinquenta anos. Talvez sem se dar conta, Leo sentiu os efeitos dos distintos estilos enquanto construía sua própria personalidade.

Tendo pouco contato com seu pai, Leo desde cedo quis mostrar seu valor. E, também desde pequeno, seu destino cruzava com o da Apsa, porque não havia outra opção profissional para ele. O próprio pai provocava, ameaçando deserdar os filhos ou se desfazer da empresa caso não quisessem seguir carreira no negócio da família. Leo fala sobre mostrar seu valor: "Foi muito mais uma vontade de querer provar para o meu pai que eu era capaz do que um desejo de trabalhar com ele. A minha pegada foi muito mais ligada às frustrações e à raiva por ele não estar presente na minha vida. Mas eu soube criar algo positivo com isso, tive garra para seguir em frente".

Hoje, Leo avalia de maneira mais clara o papel de seu pai em sua formação, e ainda mais em sua motivação. Carlo sempre foi uma pessoa muito fechada, de pouco diálogo. Não foi um mentor com as palavras, e sim com o exemplo de vida. Às vezes, isso vale mais do que qualquer coisa que possa ser dita. Depois de muito tempo, Leo entendeu a responsabilidade que o pai carregava. Claro que ele sentiu muita falta de ter um pai mais afetuoso, mas ele entende que esse foi o preço necessário para construir a história da família.

Ao lidar com suas duas filhas, Leo tenta reunir o melhor das gerações anteriores. Como seu pai, ele procura ser um exemplo de maturidade e profissionalismo. Ao mesmo tempo, tenta trazer o lado afetivo do avô materno. Os pais de sua mãe Sandra, de ascendência espanhola, sempre foram uma fonte de apoio afetivo e diálogo. Por isso, ele sempre conviveu com os primos e avós por parte da mãe. Comparado a isso, o lado alemão era mais frio e distante.

Falando sobre sua mãe, Leo diz que ela sempre foi o ponto de equilíbrio na dinâmica familiar, mostrando que o amor pode ser expresso de formas diferentes e cuidando muito de cada um no dia a dia. O pai dela, Manoel Villar, foi uma referência muito importante na infância do Leo. Foi ele que aproximou o menino de uma paixão cultivada até hoje: a natação. Villar foi nadador da equipe brasileira nas Olimpíadas de 1932 e 1936 e, mais tarde, tornou-se treinador da modalidade.

Com isso, desde as primeiras braçadas, por volta dos 6 anos de idade, Leonardo passou a ser acompanhado pelo avô nas competições. Final de semana era sempre com ele e, nas férias, era normal passar uma temporada em Petrópolis com os avós. Foi um convívio que trouxe um equilíbrio afetivo que talvez ele não conseguisse encontrar de outro modo. E também era um traço importante de personalidade que equilibrava a força empreendedora, muito presente no lado paterno.

Para Leo, essa mistura entre Espanha e Alemanha foi essencial: "Essa complexidade na minha família me fez entender que é importante respeitar, saber ouvir, ter empatia. É um caminho mais demorado, mas que gera melhores resultados, pois coloca todo mundo na mesma direção. Quando ninguém é o dono da verdade, mas existe abertura para que todos deem sua opinião, cria-se um ambiente mais positivo".

## O caminho inverso

A origem da Apsa é um caso raro de sociedade pulverizada, com muitos sócios, que passou a ser unifamiliar. Esse processo começou quando Carlos Henrique, ganhando a confiança dos sócios da empresa, teve a oportunidade de comprar as ações de um dos diretores que havia falecido. Depois disso, ele foi comprando, aos poucos, as participações dos outros sócios. Anos depois, quando os filhos Carlo e Ronald passaram a trabalhar na empresa, começaram a fazer a mesma coisa, até que a Apsa, que nasceu com vários sócios de diferentes famílias, se tornou uma empresa de uma única família. Exatamente o oposto do que costumava ser.

Dos vários negócios que faziam parte do guarda-chuva da Apsa, o que mais prosperou foi o de administração de imóveis, puxado pela verticalização do Rio de Janeiro a partir dos anos 1950. Nas décadas seguintes, a cidade experimentou um grande crescimento imobiliário, com a construção de edifícios em bairros como Copacabana e Tijuca e, mais tarde, na Barra da Tijuca. A Apsa surfou nessa oportunidade e foi se especializando no setor. Os demais negócios, que consumiam uma energia grande, foram ficando em segundo plano.

Nesse período, o papel da segunda geração se evidenciou, com o pai Carlo e o tio Ronald atentos ao foco nos negócios. Carlos Henrique, o avô, foi muito empreendedor, e os filhos vinham estruturando a retaguarda para permitir que os negócios crescessem. Aos poucos, Carlo foi cada vez mais seletivo com as ideias do pai, e os negócios se desenvolveram com mais disciplina.

Enquanto Carlos Henrique tinha esse lado de querer abraçar tudo e empreender sempre, Carlo era mais centrado e muito focado. É claro que o contraste de estilos gerava conflitos. Na base da intuição, sem planejamento, Carlos Henrique insistia em tentar coisas diferentes, enquanto Carlo buscava manter o foco. Ele chegava a ter uma rede de amigos que mapeava o que o avô fazia, para tentar articular uma forma de fazer com que ele sossegasse. Eram dois opostos:

um incansável na busca por novas oportunidades, o outro sempre preocupado em trazer solidez e objetivo.

Leo conta que essa combinação teve um efeito importante na identidade da Apsa. "Até hoje temos a perseverança e o empreendedorismo do meu avô, mas temperados por um jeito mais racional de buscar novas possibilidades."

## Escolhas de carreira

Prestes a se inscrever para o vestibular, Leo estava em dúvida entre Administração de Empresas, Economia ou Direito. Ele queria a opinião do pai, porque, no fundo, queria trabalhar na empresa da família. Na véspera da definição, o pai, como todas as noites, assistia ao Jornal Nacional na TV e não admitia que nada desviasse sua atenção. Conversas, só no intervalo. Veio o primeiro bloco de anúncios e Leo não conseguiu falar. No segundo também não. No terceiro, ele, muito nervoso, disse que ia fazer Economia. A resposta do pai? Silêncio.

Um silêncio que foi interpretado como consentimento. Então Leo entrou na faculdade de Economia em março e, dois meses depois, começou a trabalhar na Apsa. Na Universidade Estadual do Rio de Janeiro (UERJ) identificou-se de cara com o curso. A vocação para Economia só cresceu com o passar dos anos. A graduação seria seguida mais tarde por uma pós-graduação em Administração, Negócios e Marketing na FGV e por outra em Economia e Gestão Empresarial no Ibmec.

Na Apsa, Leo tinha dois objetivos claros: conhecer o negócio e tratar bem as pessoas. Ele conta o que pensava nessa época: "Queria aprender tudo. Mas com simplicidade, não queria que as pessoas me vissem como filho do dono. Queria conhecer não só os departamentos, mas a história das pessoas. Esse lado humano, eu sempre carreguei. Até hoje eu trabalho assim, sem fazer diferenciação de ninguém".

Aprendendo sempre, ele foi ganhando responsabilidades até assumir a área comercial, em um período em que a empresa cresceu na captação de condomínios e na abertura de filiais — hoje, são quinze em todo o país. Leo foi o primeiro integrante da terceira geração a fazer parte da gestão da Apsa. Na sequência, vieram os primos Christian, Frances e Fernando. As irmãs de Leonardo, as gêmeas Úrsula e Alessandra, chegaram a trabalhar por dez anos na empresa até decidirem buscar seu próprio caminho e montar uma rede de cafeterias na Barra da Tijuca.

## Conflitos e convívio

A terceira geração da família teve seu primeiro grande desafio no fim dos anos 1990, quando os sócios começaram a perceber que haviam entrado em um projeto malsucedido. Um negócio tão ruim que ameaçava a continuidade. "Nessa época, o processo de avaliação das oportunidades era muito empírico, na base da tentativa e erro. Esse projeto não era o foco da empresa e começou a fazer água."

A terceira geração, já no negócio, mas ainda não em funções de liderança estratégica, se articulou com os pais para propor uma solução. Essa mobilização foi um momento de virada na história da empresa, pois envolveu pela primeira vez as duas gerações num diálogo societário. Foi o início do que, mais adiante, se tornaria um projeto de governança. Aos poucos, aquele problema com o negócio foi resolvido e a família começou a fazer um planejamento estratégico, estruturou fóruns e começou a trazer executivos do mercado. Com isso, a terceira geração foi criando um time e passou a ser vista com outros olhos pela segunda geração.

Além da estruturação da governança, esse processo todo levou a uma composição incomum para a gestão do negócio. Leo e seu primo Fernando compartilham a copresidência no grupo, com atuação em áreas diferentes, com responsabilidades diferentes. Leo explica esse modelo: "Para nós, essa foi uma questão muito simples. Quando a gente partiu para montar a diretoria superintendente, dividimos em duas e eu fiquei com as áreas mais ligadas às questões comerciais, da "porta da empresa para fora", enquanto o Fernando ficou com as questões de números e de controle financeiro; a parte "da porta da empresa para dentro". Foi uma divisão alinhada que ficou muito transparente para todo mundo".

Isso não quer dizer que essa trajetória aconteceu de forma tranquila desde o início. Em 2004, Leo chegou a renunciar à copresidência e colocou seu cargo à disposição. Esse episódio expôs divisões que existiam na família e provocou mudanças importantes. Durante uma apresentação dos objetivos estratégicos, Leo apresentava metas arrojadas e seu pai quis desqualificar sua ousadia. Os mais novos falavam em investir, em crescer, expandir o negócio. Carlo tinha uma postura muito conservadora. O tio Ronald também concordava com os jovens, mas o pai de Leo estava inflexível. Diante do impasse, Leo resolveu sair do negócio.

Foi um choque, porque ele não falou com ninguém antes. Simplesmente decidiu sair. E esse episódio gerou desgastes, mas também alguns frutos difíceis, porém importantes: um ano e meio de terapia com o pai para acertar as contas. Uma vez por semana eles iam ao analista, que era alemão, o que dava mais confiança para o pai se envolver nesse processo. Foi quando muita coisa veio à tona. Como Leo conta que "ficou claro para mim que tanto meu pai quanto eu queríamos que a empresa tivesse vida longa e que a família prosperasse. Só que ele não abria mão de coisas que eram importantes na trajetória dele, e que eu queria mudar. Demorou um tempo, mas ficou claro que eu não queria destruir o que tinha sido feito, porém fazer de uma forma diferente".

Foi um processo longo e difícil, mas que gerou compreensão para ambos. Quando pai e filho se entenderam, a empresa cresceu mais e a governança avançou, com a formação dos conselhos de administração, de sócios e de família. Todos os núcleos familiares apoiaram esse movimento, que renovou os acordos de família e abriu espaço para hoje preparar a quarta geração, que está a caminho. Leo entendeu que agiu errado ao sair da empresa sem conversar, mas precisou encontrar de novo seu espaço na sociedade.

Quando o modelo de dois diretores superintendentes foi finalmente restabelecido, estava claro que não seria possível ter duas equipes diferentes, uma sob cada presidente. Por isso, Fernando ficou responsável por toda a relação com as equipes, com o dia a dia da empresa e com o relacionamento interno. Leo, por sua vez, ficou responsável por todas as questões ligadas ao relacionamento com o mercado. Com bom trânsito externo, ele também é vice-presidente do Secovi-RJ e vice-presidente do conselho de Administração do Family Business Network, o FBN, capítulo brasileiro, entidade que promove um constante intercâmbio para a continuidade das famílias empresárias.

Com tudo isso, ele está à frente das questões institucionais da empresa e, na sociedade, é o que está mais próximo do que se refere à governança e às relações familiares. Seu núcleo familiar é o mais complexo, com quatro irmãos, isso estimulou desde cedo as conversas sobre governança e colocou Leo em uma posição de liderança nesse processo todo.

Como o responsável pelas questões institucionais, também assume os temas ligados à expansão da Apsa. O crescimento da empresa na região Nordeste, com a aquisição de diversas empresas, foi mais um estímulo para que ele focasse no que acontece do escritório para fora. Fernando brinca que: “o Leo pega o leão à unha e joga ele para dentro da empresa, para o Fernando matar o leão”. De certa forma, faz sentido: entre os dois, Fernando é o detalhista, enquanto Leo é mais empreendedor. Lembra bem o que acontecia nas gerações anteriores com o fundador Carlos Henrique e seu filho Carlo. Mas de uma maneira bem mais tranquila.

Hoje, o convívio entre as diferentes gerações no negócio é harmônico. Contudo, isso só aconteceu por causa da união dos representantes da terceira geração, que permitiu o bom andamento do projeto de governança. A família Schneider tem um Conselho de Administração atuante, com a presença de dois membros independentes e que já contou, inclusive, com um presidente autônomo, possuindo também um Conselho de Sócios e o de Família cada vez mais presentes. Os encontros da família acontecem com frequência e contribuem para criar um ambiente muito mais leve.

## Cada um com seu papel

Entre os membros da terceira geração, as relações são construtivas, até pelo perfil de cada um, especialmente entre Leonardo e o primo Fernando, que estão mais na linha de frente dos negócios. Sempre com respeito um pelo outro, eles foram achando seus espaços e se complementando. "O Fernando tem um lado mais teórico, de organizar, de acompanhar orçamentos de projetos, enquanto eu estou mais focado nas relações humanas, na parte comercial e em explorar as oportunidades." Os demais representantes da terceira geração também contribuem para esse mix, compondo um grupo multidisciplinar. "O primo Christian cuida das relações entre as *holdings* familiares e a prima Frances está mais ligada ao Conselho de Família, que é onde são decididas as questões importantes para o futuro."

A construção desses papéis se deu ao longo do tempo. Quando o avô Carlos Henrique faleceu, seu patrimônio foi dividido entre os filhos. Como Carlo e o tio Ronald tinham comprado ações da Apsa ao longo do tempo, ficou uma divisão desbalanceada. As irmãs deles, que não haviam adquirido ações, ficaram com uma participação menor.

Com o envolvimento da terceira geração na governança, essas participações precisaram ser rediscutidas. Foi um trabalho realizado com cuidado para que a relação fosse harmônica. Um bom exemplo de como isso deu certo aconteceu na corretora de seguros do grupo, que pertencia somente a Carlo e Ronald, da segunda geração. Foi feita uma redistribuição geral das ações, para que todos estivessem com as mesmas participações.

Essa reorganização, que ocorreu entre 2015 e 2020, é apontada pelo Leo como um ponto muito positivo para o bom relacionamento familiar. Esse movimento também estabilizou a sociedade e valorizou o coletivo acima do individual. A família entendeu que isso seria importante para o futuro da sociedade, para a perpetuação da família empresária e para trilhar o caminho para as próximas gerações. Como regra definida após essa rediscussão, toda participação em negócios tem de ser feita em grupo, segundo regras definidas no protocolo familiar.

## Relações amadurecidas

Quando fala de sua geração, Leo deixa transparecer duas características da sua liderança: ser um formador de líderes e colocar o coletivo acima do individual. Isso acontece principalmente quando menciona o primo Fernando: “Ver o sucesso dele é o meu sucesso, porque, além de ser meu primo, ele é meu sócio. Eu quero que ele brilhe. Isso me dá um orgulho muito grande, pois eu faço parte desse projeto, dessa história toda. Nós nos dedicamos e temos muito carinho pela empresa, esse alinhamento vale ouro. Não só eu e ele, os meus primos também”.

Quando perguntado sobre exemplos de liderança, Leo não aponta nomes, embora indique referências em várias áreas, tanto em campos mais práticos quanto mais filosóficos. “Os grandes campeões na vida têm muita disciplina, noto isso pelo esporte. Na natação, se eu quiser baixar um pouco o meu tempo, é disciplina: alimentação, sono, exercícios e treinar, treinar, treinar... Ao mesmo tempo, tenho muita fé e acredito que, se você pensar positivo, se tiver uma postura positiva, a vida vai se ajustar e o que é seu vai chegar. É uma questão de disciplina, mas também de energia”.

Em meio a tudo isso, o amor pelas piscinas não foi deixado de lado. Desde 2015, Leonardo voltou às disputas e foi campeão brasileiro na categoria *master* de nado borboleta. Ele se dedica à natação não somente pela saúde e pelas conquistas, mas também para segurar um pouco sua ansiedade. E, além disso, quando está nadando, ele pode se conectar com sua infância e com o seu avô, que sempre esteve ao seu lado.

Além do esporte, outro caminho que o ajudou a se conhecer melhor foi a terapia, que decidiu fazer a partir dos 30 anos. Durante uma década, ele trabalhou para se conhecer melhor e entender um pouco o que aconteceu em sua história. Junto com o esporte, a terapia o ajudou a superar a gagueira que ele teve desde sempre. Algo que sempre o incomodou e que ele conseguiu transformar em um ponto forte. Hoje, ele faz apresentação e dá palestras e entrevistas.

## O desafio de envolver os mais novos

Em 2022, a Apsa completou 91 anos, graças ao envolvimento de 3 gerações familiares. O novo desafio é obter o engajamento dos mais novos, representantes da quarta geração. Leo acha que alguns fatores dificultam essa adesão, começando pelo perfil dos mais novos, uma geração que quer tudo para ontem, é mais volátil, muito tecnológica e menos preocupada com as relações pessoais. Outra questão é o distanciamento, tanto geográfico, porque os primos estão mais espalhados e pouco se veem, quanto emocional, porque para eles ainda não estão com a clara dimensão afetiva e o impacto da história que vem sendo construída há quase um século. Leo dá um exemplo: "Às vezes, quero celebrar uma conquista que a empresa teve, um cliente que captou, e eles não se sensibilizam. A paixão e o orgulho que temos pela nossa história, eu ainda não sinto isso neles. Precisamos fazer com que tenham senso de pertencimento. Esse é o desafio que vamos ter que encarar com a maior seriedade para perpetuar o negócio".

O mais difícil é fazer com que a empresa se conecte a um propósito de vida da nova geração. Por isso, a família empresária Schneider quer mostrar para os mais novos o que as três gerações já fizeram e o que vem pela frente. Como a nova geração é muito ligada ao propósito, ela precisa de uma causa para defender. Também está muito atenta a questões de sustentabilidade, de meio ambiente, de minorias, justiça e pluralidade. Tudo isso importa para eles.

Para envolver a quarta geração, a família passou a trabalhar mais fortemente o envolvimento dos mais novos, com encontros, seminários e workshops voltados para eles. E esse envolvimento começou com as histórias dos avós, que eram contadas na família, mas de maneira informal. O primeiro momento foi resgatar essa história, com depoimentos da avó e de seus filhos. Depois disso, a história foi organizada para construir a identidade da empresa e da família. Essa foi uma grande oportunidade para alinhar os membros da terceira geração que representam os grupos familiares — Leo, Fernando, Christian e Frances. Nesse processo de envolver a quarta geração, eles mesmos se conheceram ainda melhor, entenderam seus pontos fortes e fracos e as possibilidades de união de forças, tudo em um ambiente de muita abertura ao diálogo.

A partir desse alinhamento dos sócios, o passo seguinte foi envolver todos os gestores, conhecendo a história de cada um e estimulando a interação em um nível mais pessoal. Por contar com vários profissionais com muito tempo de empresa, essa foi uma oportunidade de criar um espírito coletivo ainda mais forte.

Na construção dessa história também foram ouvidas outras pessoas importantes para a família e para a empresa, mas que não estão mais ligadas ao negócio. Tudo isso virou um livro publicado no fim de 2018, a *Identidade Apsa*, em que a trajetória das pessoas e da empresa foi contada.

Foi uma forma de humanizar a empresa. A Identidade Apsa gerou um sentimento de pertencimento, de amor à causa, e envolveu profundamente as pessoas. Conta Leo: “A gente não falava das pessoas, talvez por constrangimento, ou de achar que falar de si próprio é fazer propaganda, mas percebemos que as pessoas que fizeram parte da nossa história não estavam sendo representadas. Com o livro, envolvemos toda a equipe e mostramos que a história é feita por todos nós".

Esse trabalho continua, agora com o envolvimento da quarta geração. Os mais velhos, entre 14 e 21 anos, foram reunidos em um grupo e visitaram a empresa algumas vezes, fizeram perguntas para os gestores e apresentaram um trabalho, feito por eles, falando sobre a Identidade Apsa. Os mais novos foram envolvidos em outras atividades lúdicas, e a ideia é manter essa aproximação ao longo do tempo, a partir dos valores da família e do seu jeito de ser.

Em uma família empresária, a transmissão dos valores é essencial para garantir a perpetuidade. A identidade precisa ser discutida e entendida por todos, para que seja algo tangível, concreto. Quando a quarta geração começa a entender como a empresa foi construída e conhece as pessoas que fizeram a história, cria um sentimento de alinhamento e envolvimento. Envolvimento esse que só crescerá no futuro, pois eles irão contribuir com inovações e com as experiências que terão.

A ideia da família empresária é conectar os mais novos com a empresa, não necessariamente para que trabalhem nela, mas para que entendam a história. Não importa o que eles resolvam fazer da vida, eles continuam fazendo parte da família empresária. E a continuidade depende dessa união da identidade, dos valores e da capacidade de cada um, sempre. Esse é o desafio da perpetuação da família empresária.

## Planos traçados

Com 50 anos de idade, Leo enxergou seu futuro, ligado ao futuro da Apsa. Ele se viu à frente do negócio por mais uns quinze anos pelo menos, e, com isso, atuará contribuindo quando a Apsa completar um século. Até lá, o foco está em contribuir para o crescimento dos negócios, em um ambiente que verá muitas transformações. No curto prazo, o desafio pessoal do Leo será garantir a perenidade do negócio, contribuindo como executivo para o crescimento da Apsa. Ao mesmo tempo, a *holding* do grupo investiu em *startups*, para desenvolver novas oportunidades de negócios digitais, que podem ou não ter relação com o negócio principal.

Para o longo prazo, existem planos. Leo pensa em morar fora do país, possivelmente em Portugal, onde sua esposa tem parentes. Se tudo caminhar como o previsto, aos 65 anos, ele irá começar um novo desafio em outro país. Como ele pontua: "Nunca vou deixar de acompanhar os negócios, mas também nunca vou deixar de procurar algo novo. E um desafio em outro país me estimula muito para o futuro".

Carlos Renato Trecenti e Sara Hughes

CAPÍTULO 7

# Sara Hughes e Carlos Renato Trecenti

Duas pessoas muito diferentes em tudo o que se imagina. Uma nasceu no Vale do Silício, outra no interior de São Paulo. Uma precisou recomeçar sua vida na infância, quando a separação dos pais a levou para o Kentucky, no interior dos Estados Unidos. Já a outra cresceu no ambiente de uma família modesta com DNA empreendedor, que construía um negócio com potencial para ultrapassar fronteiras.

Mas Sara Hughes e Carlos Renato Trecenti sempre tiveram algumas coisas em comum: o estilo de vida simples, o desejo de aprender sempre mais e a determinação de conhecer outras culturas. Você vai conhecer uma história improvável, de pessoas que se encontraram fora de seus países de origem e construíram uma relação de quase trinta anos, cheia de planos e sonhos.

## Pés no chão, sonhos grandes

Quem olha hoje para a família empresária Trecenti, controladora da LWART Soluções Ambientais, uma das maiores empresas de coleta e rerrefino de óleos lubrificantes usados do mundo, não imagina o quanto o começo foi difícil. Em 1952, com o apoio do pai, os irmãos Luiz, Wilson, Alberto e Renato fundaram a Trecenti Indústria e Comércio, com poucos recursos vindos do trabalho no armazém da família. O sonho dos irmãos era ter uma chaminé, que sinalizasse a produção, 24 horas por dia. Nessa época, eles fabricavam portas, janelas e equipamentos para as destilarias de açúcar e álcool da região de Lençóis Paulista, no interior de São Paulo. Também usavam a capacidade produtiva e sua engenhosidade para produzir equipamentos para parques de diversões. No início dos anos 1970, os irmãos compraram uma laminação de ferro. Mais tarde, eles conheceram a atividade de coleta e rerrefino de lubrificantes usados. Encantaram-se com essa promissora atividade e a própria oficina da família construiu os equipamentos da primeira fábrica. Assim nasceu, em 1975, a LWART, junção das iniciais de cada irmão e do sobrenome, Trecenti.

Uma lição aprendida nos tempos difíceis, e nunca esquecida, é que nada é permanente. Para o bem e para o mal. Os pais de Carlos Renato contavam histórias de famílias da região, que tinham muitos recursos e foram com o tempo perdendo tudo. Isso mostrou muita coisa que eles não queriam que acontecesse com a família.

Um ponto importante para a família, e que teve grandes consequências para Sara e Carlos Renato, é a busca por consenso e equidade. Como conta Sara, "Eles sempre procuraram fazer com que cada núcleo da família tivesse participação nas decisões e que tudo acontecesse com a concordância de todos. Isso criou um elo muito forte entre todos".

Carlos Renato nasceu e cresceu em Lençóis Paulista. Filho mais velho de Renato Trecenti, um dos fundadores da LWART, é um dos membros mais novos da segunda geração. Ele está mais próximo dos membros mais velhos da terceira geração do que dos primeiros filhos dos fundadores, que já trabalhavam no negócio da família enquanto Carlos Renato crescia. Essa configuração fez com que ele vivesse na infância a evolução da qualidade de vida proporcionada pelo progresso da família. A mudança para uma casa maior, quando ele tinha cerca de 4 anos, e a primeira viagem dos pais para a Europa, deixaram lembranças muito fortes e queridas.

Na infância, era natural que Carlos Renato estivesse na empresa da família. Depois da escola, ele ia de bicicleta para o escritório do pai e passava muito tempo por lá. Ele lembra que, com 8 ou 9 anos, gostava de subir nos tanques da empresa e ficar sentado lá em cima, olhando tudo do alto. Já na época do ensino médio, era comum ir ao laboratório da empresa para procurar vidros e outros materiais para as experiências de Química da escola. A conexão com a empresa sempre foi muito forte, fazia parte do dia a dia.

Também era normal ir com o pai para São Paulo. Carlos Renato ficava desenhando ou lendo enquanto o pai estava em reunião. Ele recorda: "Ficou essa ligação forte e prazerosa de fazer parte do universo da empresa desde pequeno".

Se o pai era trabalho, a mãe era apoio. Típica dona de casa, ela cuidava e apoiava os filhos em tudo. Sempre teve uma presença de bastidores, mas foi fundamental na educação das crianças e é, até hoje, um grande exemplo de determinação. Ela sempre quis um padrão de qualidade alto para tudo. E até hoje é assim: ela vai à quitanda escolher as frutas, porque quer sempre as melhores. Esse é um exemplo bem do dia a dia que deixou uma lição importante para Carlos Renato: buscar sempre o melhor em tudo.

Aprender, ter curiosidade e fazer bem feito são características que unem Sara e Carlos Renato. Os pais de ambos sempre valorizaram muito os estudos e fizeram eles entenderem que sempre podiam ir mais longe. Sara nasceu no Vale do Silício, em uma época em que a região, ao sul de São Francisco, já era um berço de tecnologia, mas ainda era dominada pelos pomares. A tranquilidade de sua infância foi interrompida com o divórcio de seus pais, quando ela estava com 9 anos de idade.

A mãe voltou para o Kentucky, no interior dos Estados Unidos, e Sara caiu em um mundo completamente diferente. Tudo era estranho, da comida ao jeito de pensar, passando pelos costumes, roupas, sotaques. Essa foi uma mudança radical que deixou marcas profundas. Sara viu a vida de sua mãe ser transformada. A dona de casa foi à luta, fez faculdade, batalhou por seu sustento.

O divórcio dos pais e a determinação da mãe foram importantes para a personalidade da Sara, que não tem medo de se posicionar, dizer o que pensa e lutar pelo que deseja. Ela precisou se virar desde cedo e teve o grande exemplo da mãe, esforçando-se para reconstruir vida e carreira.

Ao passar as férias com o pai na Califórnia e o resto do ano com a mãe, Sara aprendeu a conviver com grandes diferenças. Ela cresceu em dois mundos distintos e, com isso, entendeu que as pessoas vêm de culturas diferentes e têm visões de mundo bastante diferentes.

Mais curiosa com os estudos do que dedicada, como ela mesma diz, Sara cresceu envolvida em atividades extracurriculares. Sempre participou muito de esportes e atividades sociais. Ela decidiu que Engenharia seria sua escolha inicial de faculdade, mas acabou mudando para Economia, com especialização em Relações Internacionais. Trabalhou desde os 16 anos e entre várias experiências passou pela HP no Vale do Silício, atuando em análises de operações e participando da implantação de novas tecnologias. Sempre muito interessada em outras culturas, vinculou-se a AIESEC, uma associação internacional de estudantes que facilita intercâmbios em parceria com universidades de todo o mundo. Sara começou a ampliar sua visão de mundo viajando para congressos e trabalhos na Itália, em Porto Rico e na Colômbia.

Tinha interesse pela América Latina e queria conhecer melhor a região. Foi trabalhar em Medellín nos anos 1990, no auge do cartel de Pablo Escobar, quando a cidade era considerada um dos lugares mais perigosos do mundo. Depois de dois anos, retornou aos Estados Unidos e passou a atuar em uma empresa de consultoria que tinha como foco o mercado latino.

## Questão de família

Carlos Renato, por sua vez, cresceu sem tantas aventuras. Durante a infância e adolescência, sua vida se resumia a Lençóis Paulista, de vez em quando indo a São Paulo com o pai. Essas curtas viagens davam um gostinho do que poderia acontecer em novos horizontes.

A ida para o ensino médio começou a marcar uma expansão de fronteiras. Em Lençóis Paulista só havia uma escola pública e quem tinha melhores condições levava os filhos para estudar em Bauru, ali perto. Carlos tinha algumas opções: fazer a escola de cadetes em

Campinas, mudar para São Paulo ou ficar em Bauru. Ele não quis ir para escola militar e era muito cedo para ir para São Paulo. Em Bauru, percebeu que o nível era mais alto, em comparação com suas experiências anteriores, o que deixou uma lição: sempre existem desafios maiores.

O namorado de uma prima, em um bate-papo informal, contou a ele que seu maior arrependimento na vida era não ter feito intercâmbio. Carlos Renato se interessou pela ideia, pesquisou e os pais apoiaram. Aos 16 anos, ele embarcou para os Estados Unidos e passou 10 meses na Califórnia. Foi uma experiência incrível e muito marcante. Ao voltar para o Brasil, terminou o ensino médio. Com aptidão para Matemática, Física e Química, a Engenharia foi um caminho quase natural. Ele passou no concorrido vestibular da Politécnica da USP e, aos 18 anos, se mudou para São Paulo para cursar Engenharia de Produção.

Em algum momento, Carlos Renato nutria a ideia de voltar para a LWART e ajudar no negócio da família, mas não sentia que houvesse urgência. Depois da faculdade continuou em São Paulo, trabalhando na consultoria do orientador do seu Trabalho de Conclusão de Curso. Nessa época, membros da família começaram a abordá-lo e dizer, com certa frequência, que ele deveria estar em Lençóis Paulista aprendendo mais sobre o negócio, com seu pai e familiares. Discretamente, ele deixava sua posição clara, como ele mesmo conta: “Nunca tinha convivido com o negócio de maneira profunda, mas acreditava que podia e devia aprender mais fora, ter experiências que fossem diferentes, porque isso complementaria o conhecimento específico do negócio”.

Aos 23 anos, ele já imaginava seu futuro ligado à LWART, mas entendia que precisava aprender mais. Morando e trabalhando em São Paulo, a vida não estava ruim e ele preparava voos mais altos. Depois de um ano trabalhando na capital, decidiu estudar no exterior. Primeiro pensou em um mestrado na área de qualidade, onde ele atuava, mas descobriu o curso de MBA, uma novidade ainda não muito conhecida naquela época. A ideia de um mestrado menos teórico, voltado para a vida executiva e que trazia uma visão mais ampla de administração geral pareceu perfeita para ele.

Em agosto de 1993, ele foi aceito para começar seu MBA na Tuck School of Business, escola de negócios do Dartmouth College, nos Estados Unidos. Pouco antes de partir, seu primo mais velho, Luiz Carlos, o chamou para um jantar. Vinte anos mais velho que Carlos Renato, Luiz é uma espécie de "geração 1.5" na família empresária Trecenti: seu pai faleceu nos anos 1960, e ele foi trabalhar com os tios muito jovem e se tornou um dos cofundadores da LWART.

Luiz Carlos estava preocupado. Participando no dia a dia de um negócio que contava, nos anos 1990, com uma empresa de rerrefino de lubrificantes e outra de celulose, em franca expansão, ele tinha medo de que o primo fosse estudar e não voltasse nunca mais. Com a clareza de que seus pais estavam bancando uma grande parte das despesas de estudar fora, Carlos Renato deixou claro que voltaria para ajudar a família. Era um compromisso.

## Conexão Barcelona

Carlos Renato iniciou os dois anos de seu curso de MBA nos Estados Unidos. Nas férias de verão, voltou para o Brasil para trabalhar nas empresas do grupo. Na volta para o segundo ano do MBA, em setembro de 1994, o curso previa a opção de cursar um trimestre em uma universidade em outro país, avaliando as opções, negociou também com seus pais e acabou optando pela Espanha.

Chegando ao IESE, em Barcelona, se dedicou ao curso intensivo de espanhol por três semanas. Pela proximidade com o idioma, os brasileiros eram dirigidos para uma turma avançada de espanhol, junto com vários estrangeiros. Entre eles, havia uma jovem americana que havia morado na Colômbia por dois anos. Logo no primeiro dia, Sara e Carlos Renato se encontraram.

Ela é quem conta como foi esse momento: "Ele me passou um bilhete, vi o olhar dele e pensei: "esse menino vai me dar trabalho, é melhor eu ficar longe". Eu estava lá para trabalhar e estudar". Mas o rapaz era persistente. Eles passaram muito tempo juntos nas primeiras semanas, e Sara não saía da cabeça de Carlos Renato. De tanto pensar na moça, ele resolveu investir. E, ao insistir tanto, conseguiu uma chance com ela. Isso mudou tudo. Sara tinha vários planos, e de repente o Brasil passou a ser o centro das discussões sobre o futuro.

Após três meses estudando juntos, Carlos Renato voltou aos Estados Unidos para concluir o MBA, enquanto Sara permanecia em Barcelona. O namoro à distância permaneceu firme por mais dois anos. Foi quase natural que depois de um tempo começassem a falar em casamento.

Ao se formar, Carlos Renato chegou a pensar em ficar pela Europa, comentou com os pais a possibilidade de ficar pelo mais um ano na Espanha. Se até aí eles haviam concordado com as escolhas, em relação a essa opção foram completamente contra! Com os negócios da família andando bem e Sara vivendo na Espanha, Carlos Renato entendia que não havia urgência, era mais uma questão de ajudar no crescimento do negócio. Como os pais foram bem reativos à ideia de ele ficar mais tempo, ficou claro que era hora de voltar.

Em julho de 1995, Carlos Renato começou a trabalhar na LWART. Sara veio para o Brasil com foco em seu *summer job*, uma espécie de estágio de verão que faz parte da formação para a conclusão do MBA. Conseguiu uma vaga no Banco Votorantim em São Paulo e foi nesse período que se aproximou um pouco mais, foi morar com Fernanda, a irmã de Carlos. Começava uma espécie de mergulho na família Trecenti, na cultura e no trabalho.

## Choque de culturas

Sara e Carlos Renato se casaram em Kentucky, nos Estados Unidos, em setembro de 1996, e logo em seguida se mudaram para o Brasil.

Ao planejar o casamento, eles já previam que não seria fácil encontrar uma vaga para uma pessoa com a formação e vivência internacional dela na região de Lençóis Paulista. Ela tinha propostas de trabalho em São Paulo e Buenos Aires e o casal pensou até mesmo em ela trabalhar longe e eles só se verem aos finais de semana. Quem deu uma solução melhor foi o primo Luiz Carlos, aquele do jantar: se ela era tão preparada quanto ele, também poderia trabalhar na LWART, certo?

Do ponto de vista do negócio, em plena expansão, faria sentido ter uma pessoa com formação internacional. Mas nem sempre é simples em famílias empresárias: Renato, pai de Carlos, e agora sogro de Sara, achava que isso poderia soar como um favorecimento ao seu núcleo familiar. Quem se lembra desse momento é Carlos Renato: "Meu pai disse que se sentia muito desconfortável e que só toparia se todo mundo da família concordasse. Fui então conversar com os outros sócios para apresentar o currículo da Sara e pedir o "de acordo" para que ela viesse e entrasse na gestão da empresa. Foi um momento muito interessante, porque pudemos ver como cada um se sentia a respeito do negócio e da família. Acho que, de uma certa forma, essa foi uma primeira semente dos processos de governança que teríamos no futuro".

Com a concordância de todos, Sara então começou a trabalhar na LWART. Seu desejo de atuar na América Latina se realizava, ainda que de um jeito bem diferente do que ela tinha imaginado. E foi *muito* diferente mesmo. Ainda que já esperando, viveu um choque cultural maior na empresa do que em qualquer outro lugar onde havia trabalhado. Tendo atuado até então em grandes corporações, em organizações não governamentais (ONGs) e em ações de empreendedorismo feminino, a experiência na LWART era inédita. O porte do grupo era relevante, mas como a maior parte das empresas dirigidas por membros da primeira geração, o processo decisório era bastante centralizado.

Sabendo que Carlos Renato tinha um compromisso de voltar para o negócio da família, Sara sabia que ficaria pelo menos de três a cinco anos no país. Mas ela achava que depois disso eles poderiam fazer o que quisessem, em qualquer lugar do mundo. O alerta veio de sua mãe, como sempre bem direta: "Nessa época, ela me disse: "Filha, você não é ingênua e nem burra. Você está apaixonada, mas sabe que pode não ser assim". E, de fato, não foi mesmo.

Assim que chegou à LWART, um ano antes de se casar, Carlos Renato já havia percebido que não havia uma função definida para ele. Foi um desafio pensar em estrutura organizacional e descrição de cargos, mesmo quando Sara também passou a fazer parte da gestão. Como segunda geração, eles chegaram para contribuir onde fosse possível. E, no início, a ajuda mais óbvia era em qualquer área em que fosse preciso dominar o inglês: se havia um problema técnico em um equipamento e era preciso ir para outro país visitar um fornecedor, Carlos ia.

Nesse momento, a Lwarcel, empresa de celulose do grupo, desenvolvia uma linha de produtos em parceria com uma empresa nacional, mas um consultor americano acompanhava mensalmente a evolução. Carlos Renato passou a fazer parte desse projeto. O lado positivo foi a oportunidade de conhecer o funcionamento das empresas do grupo sem invadir o espaço de ninguém.

Quando Sara chegou, o foco também era de ajudar onde fosse necessário. Falando inglês e espanhol, ela começou pelos relacionamentos internacionais do grupo. O que não significa que ela bateu palmas para tudo o que acontecia. Na verdade, a visão dela era de que havia muito a fazer e a melhorar no negócio.

Com experiência em estruturação de processos, ela trouxe um novo olhar. Faltavam indicadores, métricas, sistemas de controle e análise de custos. Para complicar, em tal período, o preço da tonelada de celulose no mercado internacional tinha caído cerca de 50% em 3 meses. A Lwarcel precisava mudar para continuar a ser viável.

Indo para a fábrica para entender o que poderia ser melhorado, ficou claro que seria preciso fazer um trabalho de base. As decisões eram centralizadas, faltavam profissionais com conhecimento técnico em várias áreas e as equipes tinham deficiências de aprendizado.

Buscar a contratação de pessoas com maior preparo foi um momento de choque de realidade para Sara. Ela é quem conta essa história: "Sugeri reforçar as equipes contratando pessoas mais qualificadas, mas em duas semanas ninguém apareceu. Foi quando entendi que faltava gente preparada na cidade, porque não existia uma escola técnica com foco nas demandas da indústria e poucos cursavam o ensino médio na região. Tradicionalmente, os jovens da região estudavam até o quinto ano do ensino fundamental e depois já precisavam ajudar a família. Abandonavam os estudos para cortar cana ou trabalhar nas fábricas, em funções mais básicas".

Sara incentivou a ideia de criar programas para jovens visitarem as empresas do grupo e aprenderem sobre a importância de dar continuidade aos estudos depois do ensino fundamental, bem como abrir possibilidades profissionais que fossem além do trabalho na lavoura.

Assim, o Grupo LWART estruturou um projeto que envolveu todas as escolas do município de Lençóis Paulista, o "Projeto Escola". O objetivo era incentivar toda a comunidade a avançar para o ensino médio. Somente assim a empresa conseguiria desenvolver pessoas qualificadas para continuar a crescer sem precisar sair da cidade.

Com tanta coisa a fazer, ficou claro que a mãe da Sara estava certa: o período no Brasil não seria de apenas três a cinco anos. Com isso, nasceu uma tradição entre Sara e Carlos Renato. A cada cinco anos, eles refazem seu pacto como casal, definindo objetivos e traçando próximos passos em seus projetos de vida.

O primeiro período desse "contrato" do casal ficou marcado de forma positiva. Os membros da família Trecenti entenderam que era importante trazer ajuda para fortalecer a empresa, e por isso a chegada deles foi muito bem vista. Por outro lado, foram alertados sobre um possível estranhamento com a vinda de uma mulher de uma empresa muito tradicional para a gestão. O desafio era previsível, já que na época não havia nenhuma mulher em cargo de diretoria ou gerência nas empresas do grupo. Ainda mais uma estrangeira, com sotaque e uma mulher com um perfil muito forte de falar o que pensava e não se deixar intimidar.

Para Sara, sua aceitação na família e no negócio aconteceu aos poucos. "Com os mais jovens, com quem começamos a trabalhar logo, foi muito bom, porque eles tiveram uma visão de mundo diferente e puderam fazer suas próprias escolhas”. Os fundadores davam espaço e as novas ideias e projetos foram sendo incorporadas com muito diálogo. “Às vezes, demorava mais, mas assim chegamos a entendimentos melhores.”

Sara avançou e trouxe grande contribuição para os negócios, sua participação como gestora e diretora do grupo foi fundamental. Responsável pela estruturação das áreas corporativas, implantação de ERP e modernização de controles e processos, Sara foi também líder de um dos negócios da companhia, a LWART Química.

Mesmo em uma família que recebeu de braços abertos uma pessoa de outro país, com uma cultura totalmente diferente, foi preciso passar por ajustes. Sara lembra, por exemplo, que ficava incomodada quando era apresentada pelo sogro, na empresa, como sendo sua nora, e não como diretora. Com o tempo, ela entendeu que não era preconceito ou uma maneira de diminuí-la. Era só a forma como ele via as coisas. Sara seria sempre a nora, e Carlos Renato, sempre o filho, não importa o posto que ocupassem na empresa.

Para Carlos Renato, seu pai tinha medo de que algo desse errado, e seu filho e nora fossem responsabilizados. Ele tinha um forte senso de responsabilidade sobre os negócios e isso se refletiu de muitas maneiras. O pai só queria, por exemplo, passar o bastão para a nova geração quando a empresa estivesse sem nenhum problema, para não deixar nenhuma pendência. Como esse cenário é quase utópico, ao se tratar da evolução de negócios e impactos de mercado, já ficava claro, ali, que uma futura transição dependeria de alinhar expectativas e entender como cada membro da família entendia seu papel no negócio.

## A evolução da governança familiar

Depois de décadas de atuação no mercado, a família empresária Trecenti tinha desenvolvido um grupo de negócios sólido. O que não quer dizer que não era possível melhorar, mas até mesmo as mudanças precisavam acontecer com jeito. Sara, com seu modo de lidar com as coisas, criticava o que achava que poderia ser melhorado, e isso causava atritos. Na visão dos familiares, e principalmente de seu sogro, críticas aos negócios eram recebidas como pessoais. Como mudar isso? A própria Sara conta como modificou essa situação: "Entendi que críticas à empresa eram vistas como críticas pessoais, porque tudo tinha sido construído pela primeira geração. Então, em vez de olhar para o que não estava funcionando, passei a focar em como poderíamos construir um futuro melhor. O mundo estava mudando e a empresa precisava se adequar. A ideia não era criticar o começo e os progressos já alcançados. Isso mudou tudo".

Os fundadores sabiam muito sobre o negócio, tinham construído sua obra tijolo a tijolo. Mas o conhecimento era pouco quando se tratava de se estruturar e criar fronteiras entre família, patrimônio e empresa. Com isso, os temas como a governança familiar e societária e a preparação das novas gerações foram ficando sob a responsabilidade de Sara e Carlos Renato.

Estruturar a governança corporativa, familiar e societária passou a ser fundamental por causa do crescimento da família. Tudo havia começado com quatro irmãos que decidiram trabalhar juntos no início dos anos 1950. Quando a LWART foi fundada, em 1975, o irmão mais velho já havia falecido, seu filho Luiz Carlos e seu genro Ademir Rorato estavam no negócio, trabalhando com os tios.

Antes da chegada de Sara e Carlos Renato, dois outros membros da família tinham atuado na empresa. Era um ambiente com uma dinâmica bem típica de segunda geração, com mais gente envolvida e decisões mais complexas. No início, a governança era muito mais uma preocupação para o futuro. Sara e Carlos Renato assistiram alguns seminários sobre o assunto, tiraram cópias das apostilas e enviaram para os familiares. Um DVD sobre o papel dos sócios também rodou a família inteira e, nessa época, os membros adultos da família tiveram uma conversa esclarecedora sobre as armadilhas em que muitas famílias empresárias caíram. E era algo muito próximo da família Trecenti, que tinha visto casos, ali mesmo em Lençóis Paulista, de famílias que tinham construído grandes negócios e perdido tudo com o tempo.

Nessas primeiras reuniões para a definição do embrião da governança, Sara e Carlos Renato começaram a conversar com todos os sócios e herdeiros sobre as questões relacionadas à família empresária e foram definidas as primeiras regras e ações. Entre elas decidiram pela criação do Conselho Júnior, que nos 3 anos seguintes envolveria 10 membros da terceira geração, todos entre 16 e 22 anos de idade, preparando-os para lidar com os desafios que viriam pela frente. Ao longo dos anos seguintes, foram dados passos importantes na construção de uma governança sólida, incluindo o primeiro Acordo de Acionistas, várias regras de convivência e o início das Assembleias Familiares.

## Vocação para a educação

Tanto na preparação dos novos membros da família quanto na formação profissional dos colaboradores da empresa, a educação sempre foi um tema importante nos projetos do casal. Enquanto o casal atuava em várias funções na direção das empresas do grupo, também se tornavam líderes naturais na formação das equipes.

Em 2000, a fábrica de celulose estava prestes a passar por uma grande transformação, com investimentos em tecnologia de ponta. Era fundamental ter mão de obra preparada para operar processos automatizados. Sara se lembra muito bem: “Era preciso capacitar nossas equipes, contratando professores e montando turmas de aprendizado. Tinha gente que dizia “eu não sou capaz, não conseguirei aprender”, mas a gente apoiou todo mundo que se dispôs a crescer”.

O passo seguinte foi procurar o SENAI. Sem nenhum curso que servisse para as necessidades da empresa, Sara propôs a criação de um curso de formação de operadores de máquina e foi atrás dos fornecedores da Lwarcel para conseguir os equipamentos necessários. Mais tarde, esse programa seria estendido para os filhos dos funcionários e para outras profissões de que outras empresas da região também precisassem.

Pouco tempo depois, chegou a notícia de que a unidade da Escola Técnica Paula Souza na região iria fechar. Mas faltou combinar o jogo com o time da LWART. Sara conta o que aconteceu: "Nós mobilizamos outras empresas e juntos reservamos vagas para nossos funcionários, assim conseguimos manter a unidade funcionando. Com isso, também garantimos que as pessoas pudessem ter perspectivas melhores para suas carreiras".

Em 2001, o foco na educação começaria a ganhar uma nova dimensão. Na renovação dos votos de cinco anos, o casal conversou sobre seus planos. Sara foi clara: se fosse para ter filhos, ela não ficaria na região sem montar uma escola. Dois anos depois, já grávidos da primeira filha, Sofia, eles compraram um terreno e deram início aos estudos de projeto.

Mas a escola sonhada só seria colocada de pé mais tarde. Antes disso era preciso planejar cada passo da nova empreitada, ao mesmo tempo em que as responsabilidades com a LWART e a governança familiar continuavam. Mais cinco anos se passaram em meio a tudo isso.

## Modernização e Sucessão

A jornada do casal foi um dos pilares para o processo de modernização do grupo, abrindo caminho para a inovação, a aquisição de novas tecnologias e a aceleração dos investimentos. Assim a chamada "nova geração" construiu um caminho de confiança, em relação à geração anterior, e obteve a credibilidade e força para a tomada de decisões arrojadas, fortalecendo a empresa para o futuro.

Em 2007, Sara começou a preparar sua saída do dia a dia do Grupo LWART e suas responsabilidades foram divididas em três diretorias, assumidas pela primeira vez por executivos não familiares. Tinha ficado definido que ela sairia como parte de um processo de migração gradual dos executivos familiares para o Conselho de Administração.

Já há mais de dez anos no Brasil, Sara estava decidida a voltar ao plano de viver pelo mundo, mesmo que o projeto da escola não se concretizasse no Brasil. Ela achava que já tinha dado uma contribuição, o momento do negócio era muito positivo e a governança estava encaminhada. Foi em novembro de 2008, durante uma Assembleia Familiar, que o casal deu a notícia de que planejava mudar para os Estados Unidos. Logo em seguida, Sara e as filhas, Sofia e agora também Giovanna, foram passar o fim de ano com o lado americano da família.

Foi quando o tio de Carlos Renato sugeriu a ele a possibilidade de assumir a presidência do grupo no lugar de seu pai. Como foi receber essa proposta? Carlos Renato pondera: "Pode até ser que a conversa fosse para me convencer a não ir embora, mas era de fato uma ideia que valia a pena discutir com carinho".

Depois de muitas conversas, o novo plano de cinco anos do casal passou a contemplar mais um período no Brasil. No ano seguinte, um novo acordo societário foi celebrado e todos os fundadores, além de Sara, saíram da gestão do negócio. Carlos Renato assumiu a presidência do grupo, seu primo Thiago, filho de Luiz Carlos, passou a ser o diretor-geral da empresa de lubrificantes e as demais diretorias foram assumidas por executivos não familiares.

Enquanto Carlos Renato assumiu a liderança do negócio da família, Sara decidiu se dedicar ao projeto da escola, que ainda não tinha saído do papel. Esse é um momento importante na história do casal, porque marca uma mudança de rumos profissionais, uma oportunidade para assumir novos desafios.

Sem uma educação formal em Pedagogia, o que só aconteceria em 2012, Sara formou seu plano com base em muitos estudos. Ela foi conhecer e pesquisar modelos de educação, avaliou o que estava dando certo no mundo e, principalmente, que tipo de escola poderia preparar as novas gerações para o futuro. O resultado foi um modelo de escola com uma filosofia baseada em pensamento crítico, colaboração, cidadania e cultura, em que a educação é aberta, baseada em projetos multidisciplinares e focada nas competências do século XXI, que ela tanto lutou para desenvolver na empresa. Com sua experiência em inovação e tecnologia, Sara sabia como era importante promover uma grande transformação na forma de pensar a educação.

O conceito da escola surgiu quando Sara ainda era responsável pelas ações de desenvolvimento adulto na LWART. Um dia, "caiu a ficha": a educação básica precisava mudar, senão nada mudaria no longo prazo. Mesmo nas melhores universidades, o ensino é baseado em responder perguntas que já tinham respostas definidas. Para ela, porém, faltava pensar em fazer novas perguntas, repensar as respostas para os problemas, levantar possibilidades e buscar alternativas. Sara acredita que aí estará a diferença para o profissional do futuro.

Criar a escola a partir do zero e trabalhar com professores, pais e alunos para realizar essa visão trouxe um novo sentido para Sara. Ao mesmo tempo, seu papel como membro do Conselho de Administração, e o de Carlos Renato, como presidente do grupo LWART, refletem muitas transformações na família empresária. O movimento de mudanças feito em 2008 levou à saída de cinco membros da família da direção e as grandes decisões estratégicas passaram a ser debatidas no Conselho de Administração, com processos muito mais formalizados. Com mais de trinta adultos na família, o conjunto de regras e processos estruturados ao longo de mais de dez anos e o fortalecimento dos Conselhos de Administração, de Sócios e de Família foram fundamentais.

Carlos Renato explica melhor o que mudou. "Passamos a viver um novo momento, com um envolvimento menor da família no dia a dia do negócio. E isso é essencial para a longevidade da família empresária. Claro que herdamos um "alicerce" sólido construído pela geração anterior e isso contribuiu muito para a gestão do negócio". E esse novo momento também foi positivo para o casal, que passou a ter um repertório maior de assuntos para trocar: Sara na escola e no Conselho, Carlos Renato na presidência do Grupo LWART e as duas filhas crescendo, desafios diferentes que trouxeram muitos aprendizados nos novos papéis.

## Um novo tempo

Entre 2018 e 2019 aconteceram alguns movimentos importantes. A família vendeu a Lwarcel, da área de celulose, e finalizou uma nova rodada de revisões na governança do grupo. O Conselho de Administração diminuiu para cinco membros, sendo quatro independentes, e o Conselho de Sócios passou a ter sete integrantes. Tudo isso mudou novamente o papel de Carlos Renato, que assumiu a presidência do Conselho de Administração e deixou a gestão executiva do grupo. Com isso, passou a ter mais tempo para se envolver nos assuntos da escola e, principalmente, para a família.

Em 2020, negócio e sociedade passaram por mudanças importantes. A decisão de venda da Lwarcel trouxe a busca de novas oportunidades de negócios, o que levou a um reposicionamento do grupo. Em outubro, do mesmo ano, o grupo assumiu a nova marca, passando a se denominar LWART Soluções Ambientais, aproveitando sua experiência em logística reversa e economia circular. “Passamos, com isso, a atuar na gestão de outros resíduos, ao mesmo tempo em que continuamos atentos a oportunidades em outros mercados”, afirma Carlos Renato.

A sociedade também viveu uma grande transformação com a saída de três dos sete núcleos familiares descendentes dos fundadores. “Foi a consequência de uma discussão saudável sobre os rumos futuros”, afirma ele. Os quatro núcleos remanescentes compartilham uma visão mais alinhada sobre a estratégia e os caminhos para o crescimento na próxima década.

Falando sobre as filhas Sofia e Giovana, hoje adolescentes, Carlos Renato mostra o quanto a vida está mudando. “Os próximos anos serão os últimos das meninas aqui em casa e fico muito feliz de ter a oportunidade de participar mais da vida delas. Saindo da gestão executiva do negócio, passei a tirar um mês de férias por ano e dediquei bastante tempo à construção da nossa nova casa. São coisas que seriam impossíveis no passado. Quando penso em tantas coisas que consigo fazer hoje e que não teria a chance se estivesse em outro momento da vida, fico muito feliz. É uma sensação muito boa."

O mais recente pacto de cinco anos é bastante flexível, sem alvos tão concretos. São muitos projetos em andamento no Brasil atualmente. Além da diversificação e expansão do Grupo LWART e o crescimento da escola, Sara e Carlos Renato hoje atuam com bastante foco na empresa de tecnologia para educação fundada pelo casal em 2016. Sara também atua na liderança do FBN Brasil e do Instituto LideraJovem, focado em projetos de liderança e protagonismo para jovens. Mesmo assim, a possibilidade de um dia mudar para os Estados Unidos continua na mesa. A ideia de Sofia fazer faculdade fora já se concretizou. Ela já está concluindo o primeiro ano longe de casa. Giovanna está começando o ensino médio e com isso tem mais três anos no Brasil. Para Carlos Renato, ninguém sabe o amanhã. "Se tudo se encaminhar para ambas irem morar fora, talvez seja o momento mais fácil para mudarmos. Mas só saberemos quando chegar a hora."

Sara e Carlos Renato, como parte de seu propósito, tem buscado cultivar o espírito da Família Trecenti, para que sigam unidos, criando bases sólidas para a convivência entre gerações e o desenvolvimento de uma sociedade fortalecida a partir de valores comuns.

# Considerações finais

Agora que compartilhamos histórias únicas, esperamos que cada uma delas possa servir como fonte de inspiração para sua trajetória, neste caminho para assumir seu papel na construção da sua família empresária.

Juntos pudemos observar alternativas de respostas para as perguntas: por que algumas famílias empresárias são bem sucedidas e conseguem fazer transições para a segunda, terceira, quarta gerações — e até mais? O que essas famílias têm que outras não possuem?

Os percursos aqui apresentados mostram conceitos essenciais para a continuidade, ao mesmo tempo em que deixam claro que cada história tem elementos únicos. O perfil individual, o caminho de formação acadêmica e de experiências profissionais, as escolhas ao longo da vida, somadas à combinação de culturas e às relações desenvolvidas, compõem cada história trazendo inspirações e aprendizados para todos os que vivem desafios semelhantes.

Na história de Alessandra, há a responsabilidade que vem da importância da relação com seu avô, seus ensinamentos e o pedido para que se tornasse uma espécie de guardiã do legado, dos valores e dos vínculos familiares.

Na trajetória de Dirceu, tem a coragem de quem abdicou do sonho de recém-formado e assumiu o papel de um quase cofundador, numa sociedade já sabidamente complexa, e assumiu o desafio de estruturar o negócio.

Com Felipe, existe sua abertura e disposição para aprender e poder absorver ao máximo o papel fundamental de um mentor na pessoa de seu tio, um formador que trouxe base, autoconfiança e conhecimento.

Na jornada de Leonardo, há a determinação e dedicação ao desenvolvimento contínuo e ao autoconhecimento, bem como a busca do equilíbrio entre razão e emoção, numa cultura de origem determinista, que gradualmente conseguiu influenciar e realizar grandes mudanças.

E finalmente com o casal Sara e Carlos Renato, que com foco e educação contínua tanto para si quanto para todos os outros no seu entorno, promoveram uma grande transformação, não só da família empresária, mas de uma comunidade inteira.

Podemos observar o desenvolvimento de cada aspecto do ALICERCE, como a base das histórias e da estrutura, as raízes que vão garantir a solidez e a segurança para prosseguir.

## Para construir a continuidade

O crescimento do bambu chinês exemplifica com bastante força a importância do ALICERCE. Depois de plantada a semente do arbusto, não se vê absolutamente nada, por mais ou menos quatro ou cinco anos, a não ser o lento desabrochar de um pequeno broto. Durante esse período, todo o crescimento é subterrâneo, e o bambu forma uma maciça e fibrosa estrutura de raiz que vai se estendendo vertical e horizontalmente pela terra.

No quinto ano, por fim, o bambu chinês começa a crescer, e assim pode até atingir 24 metros de altura. Esse crescimento só é possível depois do longo período em que as raízes se fortaleceram. Como o bambu, muitas coisas nas famílias empresárias dependem de trabalho, investimento e esforço que não serão vistos por semanas, meses ou mesmo anos. É a construção do ALICERCE que vai sustentar todo o crescimento que virá depois.

O ponto é garantir que a relação societária, presente e futura, seja verdadeira e sustentável, uma relação transparente em que se percebe a confiança e em que o respeito e a consideração sejam mútuos. Na prática, estamos falando de uma relação madura, com papéis claramente definidos, comprometidos e respeitados.

Sugerimos que reflita sobre os temas do ALICERCE, aspectos fundamentais que podem nos ajudar a compreender os diferenciais para a continuidade. Qual será seu papel em buscar, investir, desenvolver e incentivar cada um desses aspectos? O que você poderá colocar em prática em seu ambiente, em sua família?

Mantenha-se conectado com a força dessas histórias de transição, compartilhe seus ensinamentos e retorne a elas quantas vezes considerar necessário. Para isso, listamos as perguntas essenciais de cada um dos itens do ALICERCE que poderão servir como um caminho para a reflexão e também para a ação em seu contexto:

> ***Affectio***: qual o meu grau de identidade e paixão pela história e pelo legado? Desejo ser e me manter sócio destes sócios? Estou disposto a promover o *affectio* em minha família empresária?
>
> **Liderança**: consigo identificar a necessidade de novas lideranças e de novos padrões? Respeito e incentivo às distintas lideranças nos sistemas de família, patrimônio e empresa?
>
> **Inclusão**: compreendo os diferentes níveis de inclusão e envolvimento? O quanto incentivo a prática da inclusão em minha família empresária?
>
> **Comunicação**: busco atuar na melhoria da comunicação em minha família? Contribuo para a boa comunicação? Reconheço e utilizo os canais adequados de comunicação?
>
> **Equilíbrio**: busco viver em equilíbrio, incentivando a família a fazer o mesmo? Procuro valorizar os sistemas de forma equilibrada? Consigo perceber o equilíbrio ou desequilíbrio em minha família?

**Responsabilidade**: desejo ser parte atuante e integrante de uma família empresária? Compreendo as minhas responsabilidades como membro de uma família empresária? Estou disposto a me desenvolver para ser alguém que agrega valor ao todo, mesmo que meu projeto de vida seja fora do ambiente de negócios da família empresária?

**Confiança**: meus comportamentos contribuem para criar uma relação de confiança? Estou disposto a investir e desenvolver relações de confiança para a continuidade da nossa família empresária?

**Equipe**: estou disposto a praticar o "nós"? Incentivo o desenvolvimento dos demais membros da família para o desempenho do seu papel na equipe? Desejo construir um propósito comum e investir no desenvolvimento de habilidades para nos tornarmos uma verdadeira equipe?

Da mesma forma como cada família precisa se dedicar a desenvolver esses pontos, você também pode trazer sua contribuição para fortalecer as atitudes e comportamentos.

Sem pessoas preparadas, conscientes de sua contribuição na preservação do legado, capacitadas para seu papel como acionistas, conselheiros ou gestores, com clareza de seus projetos de vida, e dispostas a se engajar e desenvolver novas estruturas para lidar com a evolução, não se criam famílias empresárias sólidas.

Persista na construção de um modelo coletivo que gere prosperidade e perpetuação. Cultive um ambiente que favoreça a transmissão de valores da cultura familiar e empreendedora, com foco no desenvolvimento e engajamento das próximas gerações.

# Referências Bibliográficas


**A PROFISSIONALIZAÇÃO da empresa familiar: a trajetória de Shiro Nishimura na presidência da Jacto.** São Paulo: Grupo Jacto, 2023.

BARROS, Fábio. **Renato Bernhoeft: a reinvenção da consultoria para empresas familiares**. São Paulo: Évora, 2015.

BERNHOEFT, Renata; BERNHOEFT, Renato; PASSOS, Édio; TEIXEIRA, Wagner Luiz. **Família, família, negócios à parte: Como fortalecer laços e desatar nós na empresa familiar.** Jaboticabal, SP: Gente, 2006.

______. **Cartas a um jovem herdeiro: a herança não vem com manual de instruções.** Rio de Janeiro: Campus, 2018.

______. **Como tornar-se empreendedor em qualquer idade.** Barueri, SP: Nobel, 1997.

______. **Empresa Familiar: Sucessão profissionalizada ou sobrevivência comprometida.** Barueri, SP: Nobel, 1987.

______. **O sócio feliz: Como ser e manter um sócio.** São Paulo: Negócio, 1999.

BERNHOEFT, Renato; CASTANHEIRA, Joaquim. **Manual de sobrevivência para sócios e herdeiros**. 3ª edição. Barueri, SP: Nobel, 1995.

BERNHOEFT, Renato; GALLO, Miguel. **Governança na empresa familiar.** 6ª edição. Rio de Janeiro: Campus, 2003.

BERNHOEFT, Renato; MARTINEZ, Chris. **Empresas brasileiras centenárias: A história de sucesso das empresas familiares.** São Paulo: Agir, 2011.

BERNHOEFT, Renato; ZVEIBIL CORTONI, Suzy. **As Herdeiras.** Barueri, SP: Nobel, 1993.

BERNHOEFT, Rosa. **A sucessão na estratégia dos negócios.** Rio de Janeiro: Alta Books, 2019.

CESAR, Marília de Camargo. **Caminhos e legados: O sucesso dos irmãos Nishimura na construção de uma empresa familiar exemplar.** 1ª. ed. 2018. 248 p. Disponível em: https://www.lojadafamilia.org.br/serie-familias/caminhos-e-legados/caminhos-e-legados. Acesso em: 2 abr. 2024.

FISHER, Roger; URY, William; PATTON, Bruce. **Como chegar ao sim: como negociar acordos sem fazer concessões.** Rio de Janeiro: Sextante, 2018.

GANDRA da S. MARTINS, Ives; LUCENA DE MENEZES, Paulo; BERNHOEFT, Renato. **Empresas familiares brasileiras: Perfil e perspectivas.** São Paulo: Negócio, 1999.

HÖFT. Disponível em: https://www.hoft.com/. Acesso em: 2 abr. 2024.

LUCENA DE MENEZES, Paulo; MELO, Marcelo. A**contece nas melhores famílias: repensando a empresa familiar.** São Paulo: Saraiva, 2012.

PATTON, Bruce; STONE, Douglas; HEEN, Sheila. **Conversas difíceis: Como discutir o que é mais importante.** Rio de Janeiro: Sextante, 2021.

REVISTAS Gerações: publicação anual que homenageia famílias empresárias. São Paulo Disponível em: https://www.hoft.com/revistas. Acesso em: 2 abr. 2024.

# Índice

## A



## B



## C



## D

Este livro foi impresso nas oficinas gráficas da Editora Vozes Ltda.,
Rua Frei Luís, 100 – Petrópolis, RJ.